世界が広がる

ボーダーレス
B o r d e r l e s s
仕事術

KKロングセラーズ

自分にとって、何がいちばん幸せだろう？

二〇〇九年（平成二一年）八月　二回目のバリ島で

サラリーマンから独立して六年目、ようやく立ち上げた会社も人が増え、休みをとれるようになって訪れた二回目のバリ島。

「バリ島のよさを世の中に伝えたい！　映画にすると面白いのでは⁉」

突然、突拍子もないキーワードが頭のなかに閃いた。

（おまえは子どもか‼　設計の仕事をメインにやっているんだろ？）すかさず、もう一人の自分が僕にツッ込む。

この一つのキーワードから、あの大変なできごとがスタートしたのを、僕は今でも鮮明に覚えている。

今振り返ると、いかに無謀であまりに多くのハードルがあったことか……身の毛がよだつ。まるで、僕は自分で自分の頭にピストルを突きつけていたかのようだった……。

世の中そんなに甘くない。そもそも映画業界をまったく知らない……。

「監督はどうしよう？　誰に話をしよう？　そもそも何から手をつければいいのか？（何も情報がない自分に気づき、汗しか出ない！）」

「やっぱり、小さいショートムービーにしようかな（逃げてる！）」

「どうせやるなら王道の映画（広がる将来の絵を描いて、モチベーションを上げる！）」


やるからには、何がなんでもゴールを目指す！

世の中の映画ってどう作られているのか、ただ単に閃いたキーワードをどうしたら現実にできるのか？　インターネットで検索し、仕事の合間に関係者の方や業界の知人に会う。幾度となくいくどとなく繰り返し、多くのきっかけや出会いがあり、そこからまた、か細い糸をたぐりながら少しずつすこしずつ。

細い糸が切れたら、また戻りインターネットで検索。李監督と巡り会うまでに何度も繰り返された僕の行動。
そして、ついにその日はやってきた。

六年後……二〇一五年（平成二七年）一月、映画『神様はバリにいる』が新宿バルトナインを皮切りに全国で公開された

主役は、名優の堤真一さん。相手役は尾野真千子さん、共演に玉木宏さん、ナオト・インティライミさん、菜々緒さん。興行収入がランキング一〇位に入るヒット映画となった。監督、キャストの方々の舞台挨拶を舞台袖から見つめ、頬を強くつねってみた。痛い！　嘘じゃないんだ。確認のために、太股を頬よりさらに強い力でつねった。イテェ！　やっぱり夢じゃない。

映画の主人公は、多くの書籍にもなっているバリ島に移住して事業に成功した大富豪だ。島の誰もが彼のことを知っている。それはお金持ちだからではなく、彼の行いによるものだった。

映画のシーンにもあるが、働く場がない女性たちに、広大な自邸のお手伝いさんになってもらう。だから、彼の家にはお手伝いさんが大勢いる。足の悪いお年寄りを乗せるために、金ピカなスワン型馬車を往来させる。裸足の小学生たちのために、シューズを山ほど学校に持って行く。そして彼が映画の最後に取り組む難問は、子どもたちのための幼稚園作りだ。

いつも主人公の頭の中にあるのは、困っている人を助けることばかり。そんな彼を慕って、たくさんの人々が集まってくる。その結果、新しい人とのつながりができ、仕事が生まれ、巡りめぐって最後にお金が産声をあげる！

そんな生き方を、僕はいいなと思う。ひょっとすると、映画を観ていただいた方の多くも同じ気持ちを抱いたんじゃないだろうか。

最初にバリ島を訪れた時、子どもたちのむきだしの白い歯の笑顔に癒された。子どもたちのその笑顔を撮影し、額に入れて段ボールいっぱい日本に持ち帰った。二回目の時はポラロイドカメラを持っていき、今度は、撮影したその場で子どもたちに写真を手渡した。集まる子どもたちの純粋な笑顔は最高の癒しであり、学びだった。

自己紹介が遅れましたが！　冒頭にも書いたとおり、僕はこの映画の企画と製作統括をしている。

んー、もっとわかりやすく言うと、言いだしっぺで、「思いつきのままに」映画監督の李闘士男さんを巻き込んで、その他多くの人たちを巻き込んで、映画を仕掛けたということだ。

僕は映画とはまったく縁のない業界で仕事をしていると見えるだろう。だけど、僕の中で実はこれらの仕事はみんなつながっている。「思いつき」という

バリ島の子どもたちにプレゼント。まっすぐな笑顔がまぶしい！
（右端が著者）

言葉の意味は、僕の中では、世の中でいわれる「思いつき」の意味とは違うのだが……。

原案になった本を読んだ時、フッと「こんな生き方もあるんだ」ということを多くの人に伝えたいと思った。それなら映画がいい。僕は興味のあることなら、フィールドを飛び越えてどんなジャンルでもやりたい。とにかくやってみよう。

そうして映画製作を進行していき……紆余曲折、大事件勃発、四面楚歌、立ちはだかる厚い壁、振りかかる難問……とにかくさまざまなできごとにぶち当たったが（冒頭でも書いたとおり、今思うと身の毛がよだつ）、その揚句、なんとか無事世の中に送り出して、たくさんの人たちに喜んでもらうことができた。


作っている時は、本当に大変だった。

本当にほんとうに苦労の連続だったけれど、僕は幸せだった。

なぜなら、自分のやりたいことをやっていたから。

仕事はすべて思いつき！　ジャストアイディアから始まる。そこから好奇心、興味が生まれて一歩ずつ進行していく。

初めてのことに挑戦して、苦労をすることでいろいろなことが理解できるようになり、さまざまな情報が集まってくる。仲間も集まってくる。そうやっているうちに、新しい分野に仕事の幅が広がっていく。それが、僕にとって幸せな仕事のやり方なんだ。

みなさんにも、「自分にとって、本当にいちばん幸せなことは何か」と考えてほしい。

この本には、僕の経験を踏まえながら、「どうすれば面白く仕事ができるか」という視点を書いていこうと思う。仕事を選ぶ時、仕事を広げようとする時、何を基準に考えたらいいのか。きっと、これからの幸せな人生を歩むヒントになるだろう。

僕の言葉が、少しでもみなさんの心に残ってくれるなら、これほどうれしいことはない。

過去と今ある現在は変えられないけれど、一秒先の未来はきっと変わると思う。

一文字先の未来も！

世界が広がる　ボーダーレス仕事術　目次

第一章　「モノ作り」で学んだこと――69

第三章　「仕事のフィールド」を広げるために――175

第四章　人生がもっと幸せになる仕事術――201

装丁・本文デザイン　斎藤伸介
イラスト　小平明夫
写真協力　李闘士男、北村和義
編集・構成　高木香織

特別対談

映画『神様はバリにいる』製作秘話

映画監督
李闘士男

×

製作統括
梅田一宏

ようやく公開にこぎつけた『神様はバリにいる』。バリ島のホテルで行われた試写会では、懐かしいスタッフたちを前に感極まって涙、涙……！（右／李闘士男監督、左／著者）

二〇一五年五月一〇日　無事公開後

梅田　李さん、明日からまたバリですよね。バリとの縁も深くなりましたね。そもそも僕たちが一緒に初めてバリに行ったのが、二〇一〇年七月でしたよね？

李　それが苦労の始まり。『神様はバリにいる』を撮影することになっちゃって、そこから沈んでしずんで……監督人生で、こんな苦労した経験ない。ありえないくらい大変な撮影だった。もう沈みっぱなし。

梅田　やっと公開にこぎつけて、最後に浮かんだ。途中はどうなることかと思いましたね。

李闘士男（りー・としお）
1964年生まれ、大阪府出身。日本大学芸術学部卒業。大学在学中よりTV番組の演出家として活躍する。'98年に『美少女H』（フジテレビ）でテレビドラマの演出を手掛け、その後『世にも奇妙な物語』（フジテレビ）、『学校の怪談』（関西テレビ）などを担当する。'04年に『お父さんのバックドロップ』で映画監督デビュー。'07年、宮藤官九郎脚本、長澤まさみ主演のドラマ『ガンジス河でバタフライ』も好評を得る。以降、'08年の大ヒット映画『デトロイト・メタル・シティ』に続き、'10年に『ボックス！』『てぃだかんかん～海とサンゴと小さな奇跡～』を監督する。近作に'14年『幕末高校生』、'15年『神様はバリにいる』がある。

『神様はバリにいる』がヒットしたわけ

梅田　映画『神様はバリにいる』は、二〇一五年一月一七日から全国ロードショー。七〇館くらいで無事に公開。だけど、口コミで広まって興行収入がランキング一〇位に入って。ニュースにもなり多くのメディアに取り上げられて、観客動員数は、三〇万人くらいかな。これって、成功なの？

李　ヒットですよ。中から大のヒット。でもこれ、映画業界の常識としてはまったくヒットする要素がなかったんですよ。でも当たっちゃった。

梅田　どういうこと？

李　ストーリーは、中年の大阪弁の日本人が、バリで成功して大富豪になってる。彼は日本人が忘れかけてた人間関係を大事にしていて、土地の人から「アニキ」と呼ばれて愛されてる。そこに事業で失敗した自殺願望の女の子が転がり込んでくる。彼女は大富豪のアニキと関わっていくうちに、だんだん考え方や生き方が変わっていく……という話でしょ。
映画業界のジンクスだと、主役が中年のおっさんで大阪弁をしゃべるというのは、日本映画で当たったことがない。僕が作った『お父さんのバックドロップ』以降、大阪弁をしゃべる中年のおっさんが主人公の映画はないと思う。

梅田　多くの方々からよく「最後にすごく楽しくなる、笑顔になれる映画っていいよね」って言われますよね。観終わって「頑張ろう」っていう気持ちになれて。

李　でも、そういう映画はコケるんです。

梅田　えっ、そうなの？

李　映画を観る動機としては、怖いもの見たさのほうが強いんですよ。でも、この映画には人が来てくれた。こういう広い層をターゲットにした映画は本来コケるんだけど、ヒットしたのは非常に珍しいことなんです。

梅田　それも二五歳以上から五〇代前半くらいまでの人たちが、まんべんなく来てくれた。男女比もほぼ五分五分。原案の本は『出稼げば大富豪』といって、主に男性から支持されているんですが、女性でも誰でも楽しめるようにするにはどうすればいいか。「主人公の性別を変えてみようか」とか、いろいろお話ししましたよね！

それ以外に監督の目線からヒットした要因ってありますか？

李　監督自らが言うのもおかしいですけど、まず、伝えたいことが明確だった。「こんな映画観たんだ。面白いよ」って、友だちに一言で言えるでしょう？そういう口コミで「観に行こうかな」っていう気になるじゃないですか。説教臭い映画かというと意外と楽しめるし、ちゃんとメッセージもあるし。僕は寅さんみたいな映画、と思っているんだけど、ああいうものが最近なかったでしょ？

例えば、人の距離が近いということで、うっとうしいこともあるけど、実はどれだけ人は救われているか。そういうことを求めている人が多かったような気がします。もちろん、日本だと噓くさいけど、バリという空気が、何か信じられるじゃないですか。

たまたま公開時期が一月から二月で、パソコンで検索したら、バリ島は一番検索数のヒットが多いシーズン。映画の中にバリの神様が映ってるっていう噂があるけど、本当なんですよ。「DVDにもこの場面にテロップ入れたら？」って言っているんだけど、本当に開運ムービーだって。

それから、キャラクターがはっきりしてること。悪い人のようなんだけどいいこともしてて、「いい人なの悪い人なの、どっち？」っていう複雑な人間描写の映画があるけど……。

梅田　そういうのがなくて、わかりやすかったこともヒットの要因の一つですかね。

思えば脚本、キャストのこと、かなりの時間打ち合わせをしてたなーと思い出します。

たまたま読んだ本で「これ、映画にならないかな」

李　梅田さんは、そもそも何をやってる人なの。

梅田　何でしょうね。

李　話を聞いたら、もともとは設計をしていてデザイナーもやっていて、映像や撮影をしたり、プロデュースしたり？　僕なんかは映画監督で映像を作っていて、ストライクゾーンは狭いわけですけど、梅田さんは僕と違って、お仕事が一つに絞れない。怪人二十面相みたい。「ある時はデザイナー、またある時はプロデューサー……」って。そこに面白いものがあれば、何でも吸収してやるクリエイティブな人。話すと海外のことなんかもいろんな情報を知ってて、でもいったい何者か今でもわからない。悪い人じゃないってことだけはわかってるから、ま、いいかと思ってるんですけど。

映画に関わるのは、初めてだったんですよね？

梅田　そうそう。これはもともとヒントになる本があったんです。さっきもちょっと触れましたが、『出稼げば大富豪』っていう本で、たまたま僕が名古屋に出張する前に本屋で買って、新幹線の中で読んで「面白いな」って思って。バリ島で事業に成功してる日本人の名言集っていうビジネス本なんだけど、巻末にバリ島ツアーがあるって書いてあったので、スケジュールを確認したら偶然にもそこが空いてる！　新幹線の中でそのまま申し込んでバリに飛んだんですよ。

でも、今だからこそ軽い感じで話せますが、一時は「なぜあの時にあの本を手に取ってしまったんだろう」と悔やむこともありました（笑）。

バリ島はきれいだし、話も面白いし、「これ、映画にならないかな」ってフッと思った。でも、映画作りなんて全然わからないから、どうやって形にしようか考えていろいろな方に相談して、一年くらい考えて「そうだ、李さんに相談しよう」と本を渡して。

李　その一週間くらいあとに、梅田さんの故郷は金沢なんですけど、ちょうど僕は『てぃだかんかん　～海とサンゴと小さな奇跡～』のキャンペーンで金沢に行ったので、梅田さんを金沢に誘って居酒屋で飲んだんですよね。その時はまだ渡された本を読んでなくて、「これ、ドラマとか映画にならないですかね」って言われて、「えっ」て。

僕、読まなきゃいけない資料本が山積みになってるんですよ。読む順番からすると、渡されたばっかりだからずっと後のほうなんだけど、ちょっとまずいなと思って、東京に帰ってからすぐに読んだんです。

梅田　「すぐに読んで！」と、プレッシャーをかけて（笑）。

李　今から五年前かな。あの時梅田さん、いくつ？

梅田　二〇一〇年の六月頃なので、僕は三五歳だった。その翌月には、李さんと一緒にバリに行きましたよね。

李　バリから帰ってきて、当時、関西テレビで映画担当だった友人に本を見せたら「最悪ドラマにでもなるんじゃない？」と言うので、「じゃ、やってみよう」と。さっそく脚本家の森ハヤシさんにお願いして、シナリオを作ってもらったんです。ところがその友人が異動してしまって、後ろ盾を失った。

梅田 それが迷走の始まりだったね。

思わぬアクシデントで奈落の底に落ちる

李 それで本格的に資金担当のプロデューサーにも入ってもらって、資金を集め始めました。僕はシナリオを持って、映画会社とかテレビ局を当たってたんです。関西テレビの友人も、異動する前にいろいろと声をかけてくれていました。ところが、途中であてにしていたあるテレビ局が乗らないことになり、企画そのものがストップしてしまった。

梅田 年末くらいですよね。それで何ヵ月か止まったのが、最初の座礁。二〇一一年の九月に、堤真一さんが主役をやってくれるということになって、また一気に動き出した。シナリオももっと面白くしようということで、堤さんを想定しながら書き直して。それで相手役に尾野真千子さんと、話を膨らませるために、玉木宏さんに入ってもらったんです。ナオト・インティライミさんも来てくれた。配給会社も条件つきでやってくれることになって。「これで映画できるね、なんか売れそうじゃん、イエーイ!」って。「よかったね〜」って言ってたんですけど、そこからまた奈落の底に落ちた。

李　いろんな逆境があって。

梅田　一番大きかったのは、「集まるよね」と思っていたけど、パカッと蓋をあけると予定していた金額が集まっていなかったこと。とはいえ、プロデューサーたちが集めてきてくれたのと、他にも少し資金もあり、僕もガルーダ航空に声をかけて、チケット代や機材の運賃を協賛していただくことになってました。

李　実際はお金が足らないんだけど、もう止められない。

梅田　「お金ないけど、止められない……クランクインしよう!」ということになってバリクランクイン。それが二〇一三年の夏でしたね。

たった一週間でセットを組み直す

李　日本からは三〇人。現地のスタッフを入れると総勢一〇〇人近くいたと思いますすね。その人たちが一ヵ月間、ホテルに泊まりながら撮影をするんです。ところが、海外だから予想外のことがいっぱい起こります。

例えば、映画に出てくる幼稚園のセットは、芝居の途中で壊しますから、「完成用」「途中壊し用」の二つを作ったんです。美術部が先に行って、一ヵ月かけて二張りを作っていた。撮り方を工夫して、二張りが同じ場所にあるように見せるんです。

それが、許可申請の書類が役所を通らずに、クランクインの二日前になって、その場所で撮影できないことになってしまった。幼稚園がなかったら、クライマックスの撮影ができないじゃないですか。

もう俳優たちが日本から来てしまう。間に合わないから、新たな撮影場所をムリクリ探して、突貫工事で幼稚園を作ったんです。それまで一ヵ月かけたものを、一週間で作った。木下藤吉郎の墨俣《すのまた》の一夜城みたいなもんですよ。

簡易宿泊所はあるけど、そこに戻る間がもったいない。美術部とバリの大工さんたちは現場にテントを張って野宿して。日本から到着したスタッフもみんなで手伝って。普通だったら、ブチ切れるところでしょ。でも、彼らは文句ひとつ言わないで、本当に気持ちよく働いてくれた。いくつかの班に分かれて、交代しながらフルに働いてくれるんです。バリの人たちの気持ちのありがたさ、優しさを感じましたね。

梅田　その間、七日間くらいは撮影ができなかったですよね。

李　そうなんです。待っている間、スタッフも俳優さんたちもすることがないわけです。撮影する前には、どの角度から撮るかとか、綿密に決めているわ

古きよき日本の面影を感じさせるバリ島の風景や人々。映画を通して、改めて人と人の繋がりの大切さや、縁の持つ癒しの力を考えてもらいたかった。

けです。それが、急に撮影場所が変わったことで撮り方も検討し直さなければならない。シナリオも三割使えなくなって、書き直さないといけない。俳優さんたちは、せっかく頭に入れてきたセリフを覚え直さないといけない。一〇〇人近くの人間が動くわけですから、行き当たりばったりにはできない。みんなきちんと決めてあるわけです。それがダメになったんです。

インドネシア語も、テープに吹き込んだものを聞いて、苦労して覚えてきてくれていたんですが、現地の人に「発音が違う」と指摘されて、覚え直すということもありました。

少なくともクランクインが一週間以上遅れたのに、終わりの日は決まっているわけだから、シナリオを減らさなきゃならない。シナリオは完全なものにしているので、減らしたら果たしてつじつまが合うかどうか。

本来なら、Aというきっかけがあって、Bという思わぬ展開があって、CというオチをつけなければいけないＯところが、Bを飛ばしてしまって、AとCしかないんです。とても性急な、観客が「なんでこうなったの?」と理解できないような、すごい力技のシーンがあるんです。だから僕は、本当はちょっと嫌なんです。

そんなことがあって、みんなどれだけ気持ちを落ち着かせるのが大変だったかわからないけれど、彼らなりに気持ちをちゃんと落ち着かせてくれて。夜はいつも仲間で盛り上がってくれて。バリというおおらかな太陽と風の中で気分転換し、メンタルを維持してくれたのかなぁ、と思いますね。

梅田　毎日、夜になると日本にいる僕のところに電話がかかってきましたよね。

李　お金のないまま現地入りしてますからね、資金の相談を……。撮影場所が変わったために、急に何十人もホテルを移らなきゃいけない。バリは夏でハイシーズンだから、値段交渉もできず、こちらの希望するような宿泊代のホテルが取れない。高くてもいいから入るしかないんです。

昼の弁当は現金払いなんだけど、そのお金もない。プロデューサーも僕もクレジットカードをどんどん使って、それがだんだん怪しまれて使えなくなってくる。現地のスタッフにも一週間とか一〇日締めでギャラを払うんですが、それもできなくなってくる。プロデューサーの財布に二〇〇円しかないこともありましたね。

四面楚歌って、こういうことかと思いました。

映画のスタッフは、普通は全部条件が整って初めて力を発揮できるタイプが多いんです。でも、僕は始めから「なんかヤバいなぁ」という予感がしていたので、「何が起きるかわからないから、どんな時でもベストを尽くせるスタッフィングにしておけ」とラインプロデューサーに言ったんです。まさしくそのカンが当たってしまった。

梅田　僕は別のクライアントの仕事で手が離せなくなっていて、結局行けなかったんです。それで、日本で資金調達するんですけど、もう仕方ないと腹をくくって、自腹も切りました。でも、みんな多かれ少なかれ自腹を切っていましたよね。

その後の宣伝費とかも必要ですからね。今は興行収入と飛行機内の放映販売の収益だけがあって、これからＤＶＤにしたりテレビ局に番組販売をしていく予定ですよね。

映画作りのテクニック

梅田　最初にバリに一緒に行った時、どんな映画にしようと？

李　モデルがいる映画って、かなり美化されることが多いんです。でも、初めてご本人と梅田さんと三人でお会いした時に、「この本がきっかけになっているのは確かですが、申し訳ないですが、この本の内容のようにはしません」と言ったんです。

『出稼げば大富豪』は、ビジネス書としてはいいと思うんですが、すごく向上心のある人向けに書かれているので、そのままでは心が傷ついている人とか自信を失くしている人には届かないと思うんです。映画は、もっとあまねく多くの人に届けるものだから、その視点がないとダメなんです。

「この本は、主人公がスーパーマンになっている。それでは誰も共感しない。アニキも、過去には失敗したり上手くいかなかったりしたことがあったはず。その人間的なエピソードをしっかり描かないといけないと思う」という話をしました。

映画的なテクニックというものがあってね。例えば、主人公も最初からずっとスーパーアニキだといつまでも平面なままで、物語が動かない。ほかの登場人物たちも、最初はダメな人だったのが、いろいろ経験することで成長して、最後はよくなっていく。始めはダメでも人はだんだん変わっていく、というところがないと観客は感動しにくいんです。

それから、映画の中のアニキって、子どもと遊んでることが多いでしょ。こういう人は、悪い人に見えないんです。イグアナとも一緒にいますよね。動物と一緒にいる人も、悪い印象を持たれない。こういうシーンを出すことによって、観ている人が気づかないうちに、見かけではない本質が伝わるんです。そういうテクニックを全部使っています。

梅田　さすが‼　李さんに出会えたことが幸せです！

李　ありがとう。梅田さんだって、駒沢公園で犬を連れて散歩してるじゃない。犬を連れてる人って、いい人感があってナンパしやすいって。それと同じよ。

梅田　なんでそこだけ僕が出てくるのよ（笑）。

撮影は終わったけど果たして完成できるのか？

李　とにかくどこに地雷が埋めてあるかわからない、踏むところなし！　という撮影でした。それでもようやく最終日までこぎつけて、まだ日本での撮影は残っているけど、バリの撮影分はなんとか撮り終えて。でも、打ち上げ会するお金なんて全然なかった。

　そうしたら、映画にも登場している王様が、「せっかく日本から来ているのに、それじゃ忍びないから、私の宮殿で打ち上げ会させてあげる。うちに来なさい」と言ってくれて。お言葉に甘えて、スタッフ一同で伺って、打ち上げ会をやったんです。

　おかげでにぎやかにバリ舞踊を見たりして、いつもと違う華やかな打ち上げができました。それで僕、「こんなにしていただいて申し訳ない、王様にお返ししなくちゃ」と思って、『王様の恋人探し』というゲームをやったんです。

「ウチのスタッフの中で、誰か気に入る女性はいませんか？」と言ったら、王様はすごく真面目に受け止めちゃって。

「いや、私はそういうことはしません」

「これはゲームだから、奥さんも怒りません。シャレで選んでいいんですよ」

「じゃ……あの子とこの子と、それからあの子とこの子と……」

「何人選ぶんじゃ！」

しょうがないから、「あなたちょっと行って」って、僕が選んで一人出したりして（笑）。女性スタッフも結構盛り上がって楽しかったんです。

最後に、「監督、挨拶を」と言われたので、立ち上がってみんなを見渡しました。

僕、本当にいろいろ大変なことがあって、とてもバリの撮影が撮り終えられるとは思えなかった。先のことなんて考える余裕がなくて、「今日をどう乗り越えるか」ということしかずっと頭になかった。だから、「ようやくここまで来たか」と思いながらバリのスタッフの顔を見たら、ウルッときちゃって……。

朝、撮影現場に行くと、僕はいつも疲れてて暗いの。だけどバリのスタッフは「ボス、オッケーオッケー！」って、いつもハッピーな笑顔で迎えてくれるんです。ギャラの支払いもままならないのに……。それに支えられて来たことが鮮明に蘇ってきて、「ひょっとしたら、彼らとは永久にお別れかな」って思ってしまったんです。

「この映画は、やっとクランクアップできたけど、正直言ってまだ完成させられるかわからないし、公開できるかもわからない。ただ、一つだけあなたたちに約束しましょう。この映画は、絶対に完成させて、インドネシアのスタッフに、君たちに、絶対に観せます。僕、約束します」

と、宣言したんです。映画を公開するのは、僕の力ではできない。でも、完成させることまではできるんじゃないか。いや、しないといけないと思ったんです。

史上初のクラウドファインディングで資金集め

梅田　資金集めは最後まで苦労したね。プロデューサーの前田紘孝さんが、ネットで資金集めを試みたりしました。クラウドファンディングといって、ネット上で「こういう映画を作りますので、資金を出しませんか」と呼びかけるんです。出資者はワンコインの五〇〇円でもいいし、一〇〇万円くらいまで出してくれてもいい。薄く広くたくさんの人から資金を集めるシステムです。

映画製作を応援してくれた方には、特典として、映画のエンドロールに名前を載せて、前売り券を最初に配りました。多くの方とお会いした中で、八王子の会社をやってらっしゃる白柳雅文さんも、李さんと以前にご縁があったとかで盛り上がり、途中から映画製作チームに入っていただきました。

李　そう。でも、それでも全然足りなくて……。

梅田　撮影は終わったけど、編集したり、宣伝する予算がまったくない。これからどうしよう、と……。ただ、フィルムはあるわけだから、受け皿を変えれば、なんとか映画にはなるね、と話をしてたんですよね。それで李さんと白柳さんと僕の三人で幾度となく集まって、深ーいふかーいミーティングをして、「一回破たんさせて膿を出し、新しい組織にしよう」ということになったんです。

それから出資者の方たち全員から委任状を取って、新しく「『神様はバリにいる』フィルムパートナーズ」という組織を作りました。契約書には、筆頭が僕の会社の「プリンシパル」。順に白柳さん、李さんの会社の「リーライダーす」。この三者がいったん全部負担し、そこで足りない分を新たに補てんするということにしました。

李　最初から大きい会社と組めていれば、こんな苦労はなかった。

梅田　そもそもこんなでっかい映画になるはずじゃなかったから。何か少しやれればいいよね、というつもりだったのが、いつの間にか思いもよらないぐらいでっかくなっちゃって。

それからは、「とにかく公開されないと多くの方の協力や努力が無駄になる。なんとかしよう」ということで、公開に向けて動き出すんです。そうしたら、プロデューサーの宮前泰志さんから連絡があり、ファントム・フィルムが「配給費を立て替えてあげる」と言ってくれて、配給してくれることになったというんです。それでようやく軌道に乗り始めて、二〇一四年の夏くらいに「これはちょっと、ほんとに公開できそうだな」という見通しになってきた。

でも、そこからさらにいろいろな苦労があり……結局、本当に公開できるのか、僕は最後まで信じられなかった。

李　映画というのは、悲しいかな莫大なお金と人の想いがかかっている。莫大なお金の部分は主に梅田さんが担当されたわけだけど、それを観る人に返すしかないわけですよ。

僕、人は湖だと思うんです。いろんな人に導かれて、大きな湖ができる。ダメな奴は水を溜め込んで腐らせてしまう。今回は水は途中で減るし、腐りかけるし。それを梅田さんがギリギリのところで新しい水を入れて、新しい湖として復活させた。僕も人を勇気づけるような映画にし、面白く楽しく作った。そして、「ここまできたら大丈夫」と一気に湖の口を開けて放流して、観客に観てもらって多くの人が喜んでくれたんです。そうやって世の中は循環している。溜め込まない、流していく、そういう役割を梅田さんはわかっていたんじゃないかな。

梅田　李さん、バリのホテルでの試写会の時、号泣してましたよね。

李　うん、二〇一五年一月一七日が日本の封切でしょ。一足先の一月一二日に、バリ島のヌサドゥアビーチホテルで完成試写会を行いました。やっとこの人たちとの約束を果たせる時が来た、よくみんなが支えてくれた、とあの頃のことが蘇ってきて、感極まってしまって……。

梅田　僕もまだ音楽も入っていない0号試写の時からダメだった。二回目のときも、号泣。だけど、本当に公開日を迎えるまで、「まだどんでん返しがあって、急に公開できないんじゃないか」って、疑心暗鬼で信じられなかった。

李　途中で終わっては何にもならない。苦労しても完成できたからこそ、そして、観客に届けることができて、いろんな人が喜んでくれたからこそ泣けた。途中で投げちゃダメなんです。

頑張っていると、助けてくれる人がきっと出てくる。本当に真剣にやっていれば、それを見ている人がいる。五〇人に馬鹿にされても、ひょっとしたら五一人目に理解してくれる人が出てくるんじゃないか。

花輪に立った看板の「祝」の文字が心に沁みる。（バリ島での試写会にて）

これを中途半端に途中で止めちゃったら、傷が一生みんなに残ってしまう。ちゃんと公開までこぎつけたから、つらい時のことを笑いながら話せる。いろんなことがあったけど、頑張ってよかったなぁと思いましたね。

梅田　僕は最後のほうは、責任感だけでしたね。「これはもう絶対やらなきゃいけない」と。だけど正直に言えば、みんなに迷惑をかけない、いい辞め方、終わり方があるんだったら辞めたかった。「自腹も切って、大変だったな」で終わるんだったら、辞めたかった。お金はなくなったらしょうがない、また頑張って働けばいいや、って。でも、その道がなかった。だから、試写会を観た時には、そのプレッシャーからの解放感しかなかったですね。何十年ぶりかに泣いたもん、号泣。

公開までの長い期間の途中途中でのあまりのくやしさ、やるせなさは、自分の中ですでによい教訓になってます！

監督の言うことを聞いていれば、面白いものができる

梅田　李さんは映画監督される時に、気をつけていることはありますか？

李　面白いものを作れるかどうか、でしょう。

どんな苦労をしても、面白いものを作れたら最後はみんな喜ぶ。逆に、仕事の途中でいくら盛り上がっても、最後にできたものがまずかったら「なんだこれ？」ということになる。

スタッフや俳優さんたちは、「監督の言うことを聞いていれば、面白いものができる」と信じて頑張ってくれているんです。

だから、僕がそれをやれなかったら、みんなの期待を裏切ることになる。それが監督の使命ですよね。

映画というのは、すごくアナログな仕事なんです。究極の人間関係で成り立っている。だから、できるだけ気持ちよくみんなに接しようと思っています。監

督なんて偉そうに言ってたって、スタッフが横を向いてしまったら何にもできないんです。

「この人の役に立てれば幸せ」といったような人間でなければ、監督の仕事は難しいかもしれませんね。

梅田　形にさえなれば、みんな丸く収まるって、李さん最初から言ってましたものね。

今回は、ゴールテープを切ったことで、いろんな世の中が見えるんだなぁ、って。普通の人生では間違いなく経験できないことが経験できました。僕はこの映画ができたのは、運と縁だと思いますね。

李　運と縁とタイミングですよね。

梅田　タイミング大切ですね！

チャンスは誰にでも平等にある

梅田　僕はまったく映画製作を知らないから、「自動車作ろう。作り方知らないけど」っていうところからのスタートだった。

李　でもね、梅田さんはプロフェッショナルな仕事をしたと思いますよ。シナリオでも予算でも、打ち合わせをご一緒してくれるんですが、もちろんみんな意見を言うべきだと思いますよ。だけど、みんなが自分の意見を押し通そうとしたらまとまらなくなっちゃう。梅田さんは、自分の意見は言うんだけれども、最終的には「この場はこの人が決めるべき」という状況をちゃんとわきまえていた。「この場合は誰、この場合は監督、方向性はそれでＯＫ」って判断できる人でしたね。

もっと正確にいえば、梅田さんは質問してたよね。

「何でこうなんですか？」

「それはこういう意味があるんです」
「そうなんですか。じゃ、こうできますか?」
と自分の腑に落ちないことを質問して、それに我々が答えていく。納得したら次に進んでいく、という風でしたね。

梅田　まったく知らない世界なので、質問したほうが奥に何があるのかがよりわかりやすいと思ったんです。言葉の裏に何があるのかを聞いておかないと、細かい作戦は立てられないじゃないですか。最後は僕が全部決めることじゃない、監督が決めることだから。

李　そのあたりをわきまえているから、ボーダーレスに誰とでも仕事が上手くできるんじゃないですか。
梅田さんは、孫悟空の乗ってるキント雲みたいな人だと思います。梅田さんがキント雲に乗ってやってきて、「李さん、一緒にあそこの景色を見に行こうよ」って誘ってくれる。乗せてもらうと、知らないところに連れて行ってくれる。

梅田　地獄の一丁目に連れてった（笑）。

李　いやいや、「梅田さん〜、僕あそこまで行きたいんだけど」って言えば、すうっとキント雲に乗ってやって来てくれる。そんなイメージ。だから、乗車拒否しないでね。

梅田　もちろん、こちらこそ！

僕、素人だったから「映画ってこういうふうにできるんだ」って新鮮だった。でも、きっとチャンスは誰にでも平等にあるんです。サラリーマンをやっていても何をしてても、「やりたい！」と思えさえすればやれる。そのきっかけは、きっとすぐ近くにあるんじゃないかな。

対談のフロク

僕の考え方と経験から

なぜ設計会社で働く僕が、映画を作れたか？

僕は普段、店舗設計やプロデュースの仕事をしている。でも、興味のあることは何でもやってみたいという想いから、さまざまな仕事も手掛けている。その一つが、映画作りだ。

ここでは、さきほど対談でも少し触れた「そもそも、なぜまったく違う業種の仕事ができるのか?」を、僕自身の考え方や経験を通して、みなさまにお伝えできたらと思う。

ネクストを考える

実は、僕はこの映画で李監督と初めてご一緒したわけではない。「映画を作りたい!」と思う以前に、別のプロジェクトですでに面識だけはあったのだ。

その時は、当然映画のことなど考えてもいなかったし、それどころか、失礼

ながら映画監督だということすら知らなかった。でも、

「次は李さんと何かをしたい。……こんなことができるかもしれない」

と思った。僕は日ごろから、誰かに出会ったり、何かできごとがあると、すぐ「次に何ができるか」と頭の中で考えるのが癖になっている。

僭越ながら、初めて李さんにお会いした時にも、

「李さんって、今まで何をしてたんだろう？　李さんと何かをするためには、何が必要だろう？」

と、「次」「次」に考えを巡らせ、頭に次のビジョンを描き、そのことに関連する情報に興味を持った。そのために、今まで見なかった映画雑誌を見たり、映画館の情報も気にしたりするようになった。

この考え方が昔から癖になっていて、それがたとえ妄想であっても、単発ではなく連続させることで知識が広がるのだ。

そんな下地となるイメージがあったからこそ、バリ島で、

「そうだ！　映画がいいかも」

という発想につながったのだ。

人に会う際には、会った方のことだけではなく、

「この人はどこの会社にいて、その会社は何をしているか？　自分とどういうつながりがあるか？」

と聞いたり調べたりすると、「次」を考えるきっかけにつながる。

「背伸び」はしたほうがいい

会社の中で新しい仕事を頼まれる時や、業種を超えた仕事に取り組む時は、できないことばかりだ。この映画も、妄想からさまざまなことを学んだけれど、正直言って、自分自身まだまだ未熟な映画製作統括者だ。

でも、背伸びをする。背伸びをすることで、目標ができる。背伸びをしない

と、上のフィールドを覗き見ることができない。

例えば、新しい仕事を振られて「どうしよう？」と思ったら、とりあえず「やります！」とか「できます！」と答えてしまう。「やってみます！」でもいいと思う。どうやり遂げるかは、それから考えればいい。

そうして、わからないことは、周りの人に聞きまくる。その仕事が難しかったら失敗してもいい。失敗したら、そこで何かに気づくことができる。失敗しなければわからないこともあるのだから。気づきは、偶然からは生まれない。

僕は、仕事には、「危険なにおい」と「困難なにおい」があると思う。「危険」と「困難」は違うのだ。

僕は、あまりに危険を感じる仕事はやらないようにしている。だけど、「困難」に思われることには挑戦する。周りの人たちに聞きまくって情報を集め、よいやり方を考えて、なんとかやり遂げるようにしている。そうすることで、今いる場所よりも上のフィールドを見られるようになり、成長できるのだ。

ケンカをすることで成功する！

正直に言って、映画作りを進めている間、ずっと「ケンカ」をしていたような気がする。芸術性やクオリティーを求める監督陣、資金を管理する製作陣。

「これを作らないと、この場面はありえない！」

「そこにかける予算は苦しい！」

そんな言い合いが多々あった。みなさんの仕事でも、こんな場面は覚えがあるのではないだろうか？　僕も映画製作以外でも、こんな場面は多々ある。本部と店舗。営業と技術。設計と施工。売り手と生産者……。

ミーティングでも本気の口論！　解り合えないケンカ。でもゴール（映画を公開させたい、よいものを作りたい）が同じで、よりよくするためには、理解できないケンカをすることが、発展と成功につながる。お互いに山を登る入口は違うけど、目的が一緒であればそれが大切なのだと思う。

※映画『神様はバリにいる』の李闘士男監督は、監督兼リーライダーす社長として製作委員会にも入っており、一人の人間の中に監督とプロデューサーという真逆の考え、いわば二重人格的に恐ろしいまでの葛藤があったと思う。その葛藤の一端を先の対談の中でお伝えしている。

「なんとかなる」と「なるようにしかならない」

これはこの映画を作っている間、僕が一番多く言った言葉かもしれない。同じような言葉だけど、この言葉は使い方ひとつで雲泥の差があることに、途中で気づいた。

さまざまな準備と努力をしている時は、

「なんとかなる！」

とつぶやく。少し諦めている時には、

「なるようにしかならない」

とつぶやいていた。どちらもポジティブな言葉だけれども、この差に気づくことが人生のプラスになることは間違いない。

ムーミンに登場するキャラクターのリトルミーが言う。

「何とかなる。それは、やることをちゃんとやってる人のセリフ」

準備して行動しているからこそ「何とかなる」と自分で決断できる。「なるようにしかならない」は、どうしても一部分が天まかせであり、自身で決断ができない。責任を持って行動するからには、「何とかなる」と言い切る潔さが必要に思う。

人生はまさに『ドラゴンクエスト』

映画をご覧いただいた方の中には、映画の中で「アニキ」こと堤真一さんが発した「人生はドラゴンクエストみたいなもんや」という一言が一番印象的！という人も多いだろう。僕もその通りだと思う。

冒険が始まった島、主人公は「レベル1」。
島を冒険する経験値が集まりレベルアップ。
新しい武器、新しい魔法を身につけると次の島にたどり着けるようになる。

（「レベル1」で次の島に行くと、敵が強すぎてやられてしまう）
何の武器が必要で、何までの魔法を覚えなければならないかを把握し、苦労して敵をドンドン倒して少しずつ強くなり、レベルアップして、次の島（次のステージ）に行く！

第二の島には、もっと強い敵がいて、
さらに新しい武器、新しい魔法が必要。
強い敵をドンドン倒して、経験値を集め、レベルアップ。

第三の冒険の島は、強い敵がたくさんいるため、一人では負ける……。

仲間が必要。

新しい武器、新しい魔法という自分に足りない能力を持った仲間とパーティを組み、強い敵をドンドン倒して、経験値を集め、レベルアップ。


第四の島ではさらに敵が強く、仲間を増やしながらスキルアップしなくてはいけない。

魔法使いは、僧侶の能力を身につけ「賢者」に。

戦士は魔法を覚え「魔法剣士」に。

▶人生は「ドラゴンクエスト」のようなもの

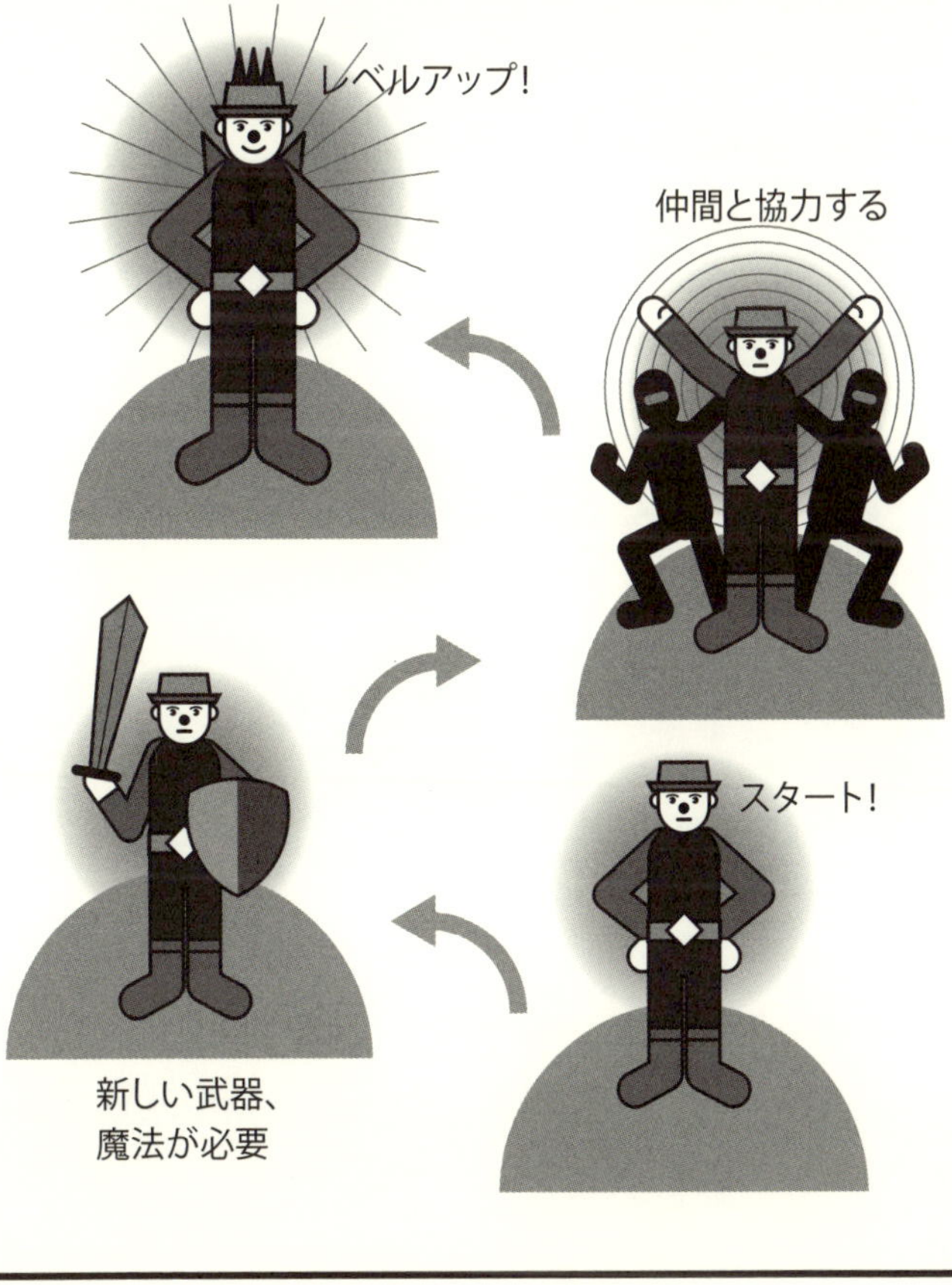

☐ 仕事も経験を積むことでレベルアップして、自分がどんどん成長していく。

そんなふうにドンドン成長していくことが、仕事の進め方と一緒!!

苦労して「経験値」を得ると、レベルが上がる!

梅田はレベルが上がった! レベル二〇になった。
プレゼンテーションの資料製作を覚えた!
HP(ヒットポイント)が一〇増え、一一〇になった。

梅田はレベルが上がった! レベル二一になった。
映画の協賛方法を覚えた! 接待のコツを覚えた!
HP(ヒットポイント)が一二増え、一二二になった。

梅田は新しい武器、iPadを購入した!
梅田は新しい武器、デザインソフトを購入した!

人生はまさに『ドラゴンクエスト』。
ここからは、どうやって僕がレベルアップをして映画までたどり着いたかを
書きたいと思う。

第一章

「モノ作り」で学んだこと

ユニクロの「フリース旋風」

「ユニクロ」と聞いて、みなさんはどんなイメージを思い浮かべるだろうか。すっきりと清潔感のある店内、美形の俳優やモデルがさりげなく商品を着こなしたポスターが壁を飾る。さわり心地のよい生地やすっきりした色合いの服。安いのに、おしゃれ。人に自慢できるコーディネイト。

だけど、二〇年前は正直いってそんなイメージではなかった。友だちに気づかれないようにそっと着る服。

二〇〇〇年（平成一二年）、「ユニクロ」は五一色ものフリースを製造し、二六〇〇万枚を売り切った。当時、フリースは二〜三万枚売れれば大ヒットといわれた中での驚異的な販売数である。微妙に違うカラーのフリースがハンガーに吊るされ、グラデーション状態に並んで、次々に現れるテレビコマーシャルを覚えている人もいるだろう。目にも鮮やかなカラーリングのフリースが並ぶさまは、まさに壮観だった。

これは「フリース旋風」と呼ばれる社会現象となり、「ユニクロ」という社名は多くの人々にインパクトをあたえた。

その時を境に、ユニクロは大きく変わることとなる。そのためには、急速に全国の店舗をリニューアルする必要があった。


そのころ、僕は「スペース」という店舗設計と施工をする会社でサラリーマン。「スペース」は、業界では大手の会社である。僕は入社して六年あまり、大型スーパーや飲食店、フランチャイズ店などの設計や内装の仕事を一通り担当していた。

「梅田、山口に行こう」

ある日、僕は所属している第三事業部の部長に呼ばれた。その時から、上司と僕はプロジェクト会議に参加するべく、ユニクロの本社がある山口に毎週通うこととなった。「ユニクロ」は全国展開するためパートナー会社を探していた。

「ユニクロの仕事をするぞ」

というのが、会社からの命令だった。

店舗内装をする通常の大手会社は、見積、設計、施工、発注を違う部署で業務をするのが当たり前だった。しかし、当時の「スペース」ではそれらを各担当者が一人で行っていた。部署同士の会議や調整を必要としないため、仕事のスピードが早いし、クライアントが望んでいることにもすぐに対応できる。

毎週会議に参加して意見交換しているうち、

「とりあえず店舗のリニューアルを一〇店舗だけやってみてよ」

と、まず始めの仕事を受注することができた。参入したばかりの会社なので、実力を見せて欲しいということだった。社内に戻りどのように進行するか、ひたすら会議を繰り返した。そして、何とか一〇店舗の工事が無事に終了し、少しずつ信頼を得られるようになっていった。

全国一三〇店舗リニューアル作戦

一〇店舗リニューアル工事を終え、次は全国約一三〇店舗を一斉にリニューアルするプロジェクトが立ち上がった。ロゴデザイン、看板はもとよりレイアウトや内装をすべて新しいコンセプトのものに変えていくというプロジェクト。一店舗の規模は、どれも三五〇坪と巨大である。

ちなみに、現在はだいたい一店舗一〇〇〇坪以上の店舗ばかりだ。

僕たちは、毎週、ユニクロ本社で行なわれる一三〇店舗リニューアルプロジェクトの会議に参加した。日本列島を三つに割って、パートナー会社がエリアごとに受け持つのである。「スペース」は関東と近畿地方の六〇店舗ほどをリニューアルすることになった。現場の進行担当者は僕一人。しかも準備から完成までの納期はたった一年だった。

そこからは戦争のような騒ぎだった。当時はまだ携帯電話もなく、出社すると、あっちこっちの電話が鳴って呼ばれる。

「梅田さん、電話です」「梅田さん、こっちも」「梅田さ～ん！」

「はい」「次、はい」「ハイハイ！」

鳴り続ける電話を次々に取る。それぞれの店舗の状況をみんな頭に叩き込んで、状況に合わせてさばいていく怒涛の日々。

一人で暴走、「仕事が終わらない！」

そんな状況で、僕はほとんど家に帰らなくなった。会社に泊まり込み、文字通り不眠不休の戦いをしていたのだ。すべての店舗の状況を頭に叩き込み、矢継ぎ早にプランをまとめ、適切な指示を出し、スケジュールを組み、すべての店舗の工事を一斉に進行させていく。

ともに動いているスタッフも疲労困憊。でもみんな最大限の努力をしてくれたし、協力もしてくれた。

仕事の進行において、実は一番重要なのは「気遣い」だ。ただ、この気遣いが難しい。案件により、人も、想いも、考え方も違う。決まったルールもマニュアルもない。

始めのころ、僕はそれができなかった。

多くの店舗出店の仕事を任され、「すべてを完璧以上にしたい」と寝ずに進行していた。次第に周りに対しても要求があまりに高くなり、一人で暴走するようになり、結局、完璧にやるどころか、仕事が終わらない……。

「自分の考えが一〇〇パーセント正しい」

なのに、なぜ周りは僕の考えを理解できないのか。周りが悪い。自分が分身して何人にも増えて仕事をすれば一番いいのに！　と思っていた。

ある時、飲食店に勤める知人のこんな言葉を聞いた。

「売上げが上がらないんですよ。フロアのやつが仕事できなくて。私が二人いたら売り上げが上がるんですけど」

僕は「そんなことできるわけないじゃん」と思いながら聞いていて、ハッとした。

僕も同じことしてるじゃないか！

自分ができないことを周りの人のせいにしていた。同じ人間なんて絶対いないのだから、それをリアルに受け止めて、どうすると周りの人の特徴が生かせるかを考えるべきなんじゃないか。

自分が徹夜してるんだから、周りも徹夜すればいい、という考えではなく、いろいろな人がいて、さまざまな考え方があるのだから、押し付けてはいけない。

自分には自分の考え方があり、周りの人にはその人の考えがある。それをどう生かすかを考えたほうがいいんじゃないか。

そう考えたら、頭の中がすっと晴れたような気がした。

チームだからこそ達成できる！

一年後、すべての店舗が完成した。

僕は部下と二人でレンタカーを借りて、全店舗の様子を確認して回った。僕が運転するのはマツダのデミオ。もしも現場に何か問題があれば自分で手を入れられるように、後部には一通りの大工道具を積んでいる。

東京の店舗を皮切りに、静岡、大阪、京都……と延々と回っていく。一ヵ月半ほどかけて全店舗の様子をチェックして、ようやく納品、終了である。レンタカー店に返したデミオは、そのまま廃車となった。乗り潰したのだ。

「これだけ乗ると廃車ですかね」

走行距離に比例して、もう既にデミオはともに歩んだ同志のようで、なんだかさみしい……。

車の中で大声で叫んだり、寝たり。食事もした。もちろん仕事もした。

薄緑色のデミオ。
「買い取ります」
と言いたかったが、その時の僕には、お金がなかった。

デミオを返却し、久しぶりに自宅に戻ると、僕自身も燃え尽きていた。達成感というより、燃え尽き症候群になっていた。

その日から僕は完全に家に引きこもり、一人でドラゴンクエストをやり続けた。

勇者の名は、「ウメダ」。
勇者「ウメダ」は、燃え尽きた梅田に少しずつやる気を芽生えさせてくれた。

二週間ほどたったころ、部長から「そろそろ出社したら」と電話をもらって、「最後のボス倒したら出社します」と言い、さらに三日後、ようやく出社。

あの頃、燃え尽きるような仕事ができたことは、いまの僕の礎を作っている。

会社の協力体制があり、時には煮詰まる僕に部下たちがアイデアをくれた。いろいろな無理や難題、ときには一人で突っ走りがちな僕のことを許し、帯同してくれた人たちがいたからこそ、「燃え尽きるまで」仕事ができたのだ。

チームだからこそ達成できる！

それを教えてくれたプロジェクトでもあった。

「困っているところ」に仕事がある

ユニクロの購買ターゲット層は、いわば〇歳から一〇〇歳まで。老若男女の誰もが着られる服となっている。しかも、安くてファッショナブルで、コーディネイトしやすいのが特徴だ。そのために、世界最高峰のクリエイターたちがアイデアや技術を提供し成長している。僕が勉強をするには、これ以上ないほどありがたい最高にスーパーな環境といえるだろう。

常に「自分は何を狙って動くのか」を考えなければならない。

「仕事に参加したいので、よろしくお願いします」

では、仕事は取れないのだ。

「相手が今、何を困っているか」を感じ取って、それをカバーアップする提案をすることが大切である。しかも、相手より先に「困っていること」に気づくくらいでいたい。

「ここが少し弱いと思うので、もっとこうしたほうがいいですよね」

と、先取り提案をするのだ。「相手の困っているところを助けるから、仕事になる」のである。

担当者の方と話をしながら、現在進行している仕事のどこに滞りがあるかを見つけていく。そのために大切なのが、相手の話を「聞く力」だ。

とっかかりは、直接仕事に関係のない話からでもいい。スポーツのことでも、

▶自分は何を狙って動くのか？

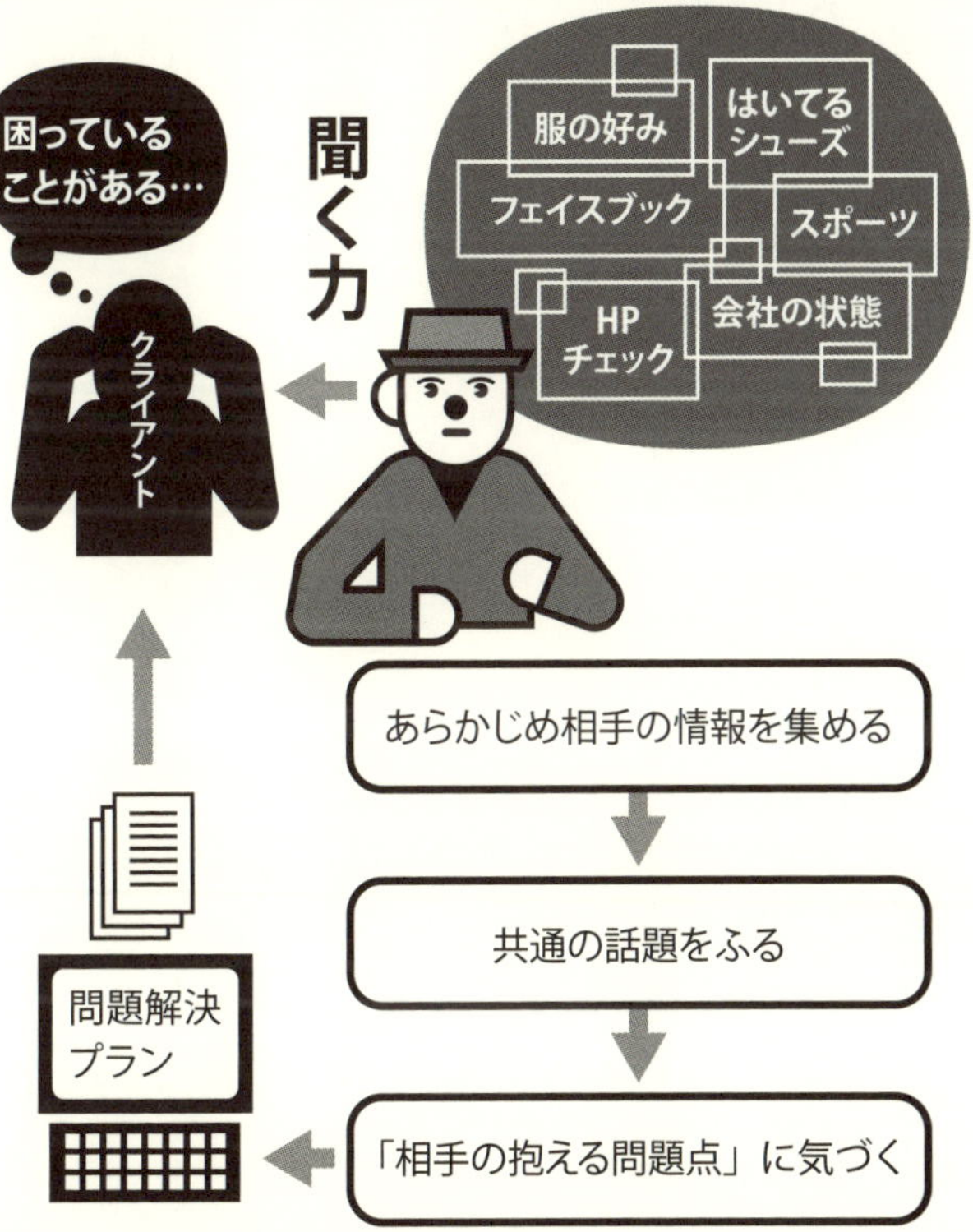

□ あらかじめ情報を集めることで、
相手の話を「聞く力」がつく。
「困っていること」をカバーアップ
することで仕事が生まれる。

着ている服やシューズ、フェイスブックの内容なんかでもいい。相手と会う前には、会社の様子はもちろんだが、相手の好みや興味などもあらかじめ知っておくようにするといい。あらかじめ仕事に関係するＨＰをチェックしたり、情報を集めたりするのはもちろん、周囲の人から相手の様子を聞いておくことも必要だ。

そして、まずは共通の話題を糸口にして、話がはずんできたら、相手からも直接いろいろな情報をもらうことができる。相手の興味と仕事をミックスさせるアイデアが浮かぶこともある。

「これ、よさそう。企画になりそうですね」

という流れになったら、次にクライアントと会う時には、簡単でもいいから企画書の形にしていくのである。

大切なのは、まず「情報を集める」こと。その中から、「相手の抱える問題点」を解決するような企画を考えるのだ。

目立つことで、自分にプレッシャーをかける

「スペース」に入社したころは、とにかく生意気だった。学生の時から目立つ格好をしたり（僕たちの時代は、ボンタンだった）、アクセサリーをつけたり、深夜残業している時に上司の椅子でくるくる回ってみたり、破天荒な行動をしていた。

人とは違うことをしていたけれど、僕の中では学生の目立ち方と社会人の目立ち方は、見た目は一緒でもコンセプトは違うように心がけていた。

学生のころは、

「かまってほしい！　強そうに見えるように！」

などがコンセプトだったが、社会人になってからのコンセプトは、

「目立つからには責任を取る。目立つことで自分にプレッシャーをかける！」

逃げ場をなくすことで、少しでも成長しようと考えていた。

服装も個性的だし、生意気だったから、入社当初は孤立していたかもしれない。部署も転々としたけれど、仕事をしていくうちに、上司から、

「お前は生意気と聞いていたからダメかと思っていたけど、しっかりしてるな」

と言われるようになり、次第に理解を示す上司も増えてきた。とはいえ、入社したてのころは、よく怒られていた。

目立つのに仕事ができないと本末転倒だが、目立って生意気なのに、話してみると意外と礼儀正しくしっかりしている。

見た目と中身にギャップがあることで、サプライズが生まれている！　というのが武器になっていた。もともと母が日本舞踊の先生であり、礼儀作法をしっかり叩き込まれていたのが役に立ったのだろう。

苦手な上司とうまくやる方法

とはいえ、すべての上司に認められていたわけではなかった。苦手な上司たちからは、話もしてもらえなかった。そこで、周りの人から苦手な上司たちの情報を教えてもらい、

「あの上司は何に興味があるのか？　趣味は何か？」

と、飲みながら話のできそうなこと、自分との共通点を探して、雑談する機会を伺っていた。

例えば、ゴルフをする上司なら、「ゴルフってなんだろう？」と頭に入れておき、書店でゴルフの本を立ち読みする。テレビでゴルフクラブの宣伝をしていたら、チャンネルを替えずに観てみる。

釣りをする上司なら、「釣りって何だろう？」と頭に入れておく。川かな、海かな、と考えつつ、書店で立ち読みするときには、釣りの本も少し読んでみ

る。テレビで釣りの番組をやっていたら、チャンネルを替えずに観てみる。

写真が好きな上司なら、「写真って何だろう?」と頭に入れ、書店でカメラの本を立ち読みする。……が、深すぎて理解不能……‼ 別の共通点を探さねば……(汗)。

そして、喫煙ルームで偶然に雑談!

「おはようございます!」

「……(ほぼ無視)」

「この前テレビで新しいゴルフクラブの宣伝してましたね。俺、ゴルフはわからないんですけど、あの形がかっこいいなーと思って。やっぱり、あの形だからこそ飛ぶんですか? (きっかけはゴルフだが、ある意味デザインの話)」

「飛ぶみたいなんだけど、色が好きじゃないんだよ」

「そうなんですね! Aさんの使っていらっしゃるクラブの色は何なんですか?」

苦手な上司とも、少しずつ話ができるようになっていった。

他にもいいことがあった。

調べるキッカケを得ることで、書店に行っても見るジャンルが広がった。興味がないとまったく気にも留めなかったものが、強制的にでも調べることで、多くの情報を自然に取り込めるようになった。

さまざまなコーナーの書棚を見てまわることも多くなり、インターネットも使用していたが「検索ワード」を入れなくても情報が目に飛び込んでくる書店は、僕にとってまさに最高の学校だった！

企画する際には、使う言葉を変えるだけで伝えたいことが伝わり、イメージができる。長い文章をいかに短く端的に表現するか。言葉をつむぎ出すことにより、よい方向に話ができる、言葉を間違うと、企画が迷走しはじめる。

インターネットの普及により、情報は速やかに入手できるようになったけれど、その情報からいかに大切な言葉を拾い、伝えやすい表現を生み出すかが重要になってくる。そのためには、どうしても読書は欠かせない。

昔から「ペンは剣よりも強し」といわれる。ペンが剣より強い理由は、ペンには「言葉を生み出す力」があるからだと思う。

コピー取りからでも多くを学べる

ある日、上司から大量の資料のコピーを頼まれた。

「サイアク！　なんでこんな仕事を俺がしなくちゃならないんだ」

僕は嫌々コピー機を動かしていた。ふと横を見ると、同僚が同じ量の資料準備をしている。

「二〇分後の会議に間に合わせるんだよな？　全部コピーし終わってからホッチキスで止めた方がいいかな？　出てくるたびにホッチキスで止めていったほうが早いかな？　どっちが効率的だと思う？」

どうするとより早くより正確に仕事できるのかを考えつつ、なんだか楽しそうにやっている。

ホッチキスをどう止めるかでさえも、効率を考えながら行動するとポジティブになることができる。

嫌々やっているとコピーを取るだけだが、「どうすれば」を考えてコピーを取ると、いろいろなことに頭が働き、コピーする時間にたくさんのことが学べてしまうんだ！「どんな仕事でも、目標を持つと楽しい」ということに、僕は気づかされた。

大量のコピーが終わって上司に提出すると、

「お前にとってためになる資料だから、コピーしながら内容を見て、方向性がわかったか？　盗んだか？」

と言われ、僕は絶句した。そんなこと全然思わなかった……。

同じ時間をどう有効化するか。いつも成長することを考えるようにしていると、一つの行動で二度美味しくなるし、何事も楽しみながらやることの大切さを学んだ！

最近になり「嫌い＝苦手」「好き＝得意」がよく理解できる。「苦手」なことは嫌いになり、続かずに興味がなくなる。「得意」なことは好きになり、長続きして興味が出てくる。何に対しても「楽しく」考えることで好きになり、得意が増えていく。

得意なことが増えていくと、当然のことながら、いろいろなことを学べるようになり、次へのステップにつながっていく。

マイナスからプラス思考へチェンジさせる

「スペース」の入社式が終わったその足で、僕は急きょ高崎に向かった。高崎の「アピタ」のオープンに向けての仕事をするためだ。学生時代にはインテリア学科で店舗デザインを学んでいたとはいえ、右も左も何もわからない入社一日目。実際の設計そのものに携わるのはそれが初めての経験だった。

「アピタ」の厨房の施工現場に着くと、

「梅田さん、ここに配管転がすからね」

「は⁉」

「頼むぜ新人さん」

優しい職人さんたちに茶化される。

大工さんの言うことがまったくわからない。携帯電話がまだ持てなかった当時の僕は、あせって公衆電話を探して走って行き、上司に電話をすることを繰り返す。右も左もわからない。知らない国に、ただ一人置いていかれたような感覚だった。

業界用語がわからない。

なにより、設計者が判断しなければいけないことも多く、そのたびにいったん工事をストップ。電話に走り、また上司の判断を仰ぐ。

あんなに優しかった職人さんたちの目線が刺さるようになる。「完全四面楚歌」だ。

「完全完璧」で終わらせたいのに、上司には何度も怒られてしまう。

現場の人たちから「仕事のできる新人さん」と思われたいのに、今度は上司が電話に出ない。

「最悪だ」


プライドを捨てる覚悟をした。カッコつけている場合ではなさそうだ。

何が問題なのか、どうすることが最善策なのか、優先すべきは職人さんの都合なのか、クライアントなのか。

こうなったら、職人さんにすべて聞こう。

「僕は新人なので、教えてください」


それから、毎日、すべてを質問していた。そうすると、職人さんがめんどくさい顔をしながらも、

「ここでビス、揉むよ」

「何ですか、それ？　揉むと柔らかくなるんですか？」

「ビスを打つことだよ」

「じゃ、俺もやります！」

ドリルを手に取り、ウィーンウィーンとやってみる。大工さんたちは、もともと気のいい人たちが多い。みんな面白がってやらせてくれる。僕も仕事の手触りを覚えることができて一石二鳥だ。

後日談だが、これはその後、会社に知られてえらく叱責されることとなった。仕事には分担というものがあり、何か事故があった際には、施工側が責任を取るのか、設計側の不備なのかを問われる場合がある。大工さんが作るからこそ、施工に大工さんが責任が取れるのであって、素人が手を出してはいけないというのだ。まさにその通りだと思う。

ただ、大工さんたちと仲良くなることで、知らないことをたくさん教えてもらうことができた。木の材質のことなど、いろいろな雑学も聞かせてもらえる。

そんなことが、あとあと別の仕事の時にひょいと役立つこともある。その結果、仕事がとてもやりやすくなることを、僕は肌で知った。

マイナスな状況の時は、完璧主義をやめると気持ちが楽になる。だいたい完璧な人なんて存在しないし、それは自分が描いているだけの「存在しない自分」。

マイナスなことが二回続いたら、こう考える。マイナスに何を加えたら変わるのか?

「マイナスとマイナスを上下に並べたら、イコール」

「マイナスに一本縦を足すとプラス」

「マイナスどうしを斜めにすれば掛ける」

すべてがよいことに変わる!

上司が電話に出なかったことで、プライドが捨てられた。職人さんの目線が痛かったからこそ、甘えなく職人さんに飛び込めたと、今だから思う。

もっとも、当時は「最悪な上司、このヤロー」と結局、最後まで思ってはい

▶マイナスな気分をプラスに切り替えるには？

うまくいかない時は、こう考えてみよう

マイナスどうしを
斜めにすれば…

マイナスに
１本縦を足すと…

マイナスと
マイナスを並べると…

すべてがよい方向にかわる

□ マイナスな状況の時は
完璧主義をやめると気持ちが楽になる。

たけれど。

ともかく、最初にわからないことだらけの時には、不安になることもある。うまくいかなくて気持ちがへこむこともあった。けれど、いろいろわかってくると、嬉しくて仕方がない。仕事が面白くなってくるのだ。

情報は人に聞いて集める

自分がまったく知らない新しい仕事に取り組む時、大切なポイントは三つある。一つは、「できなくても、とりあえず引き受ける」こと。二つ目は、「たくさんの情報を得る」ための努力をすること、三つ目は「よい人脈をつかむ」ことだ。

「それはやったことがないので、できません」

では、そこで話が終わってしまう。相手もこちらに依頼するからには、「コイツならきっとできる」と思っているにちがいない。それならとにかく引き受けてしまって、「どうクリアーするか」は、そのあと考えればいい。これが一つ目のポイント。

二つ目は、引き受けたあとで、必要な情報をどのように集めるかである。

ポスターの仕事を初めて依頼された時、会社に戻ってすぐに、僕は印刷業界に詳しそうな知り合いに電話を掛けまくった。自分の情報が少ない時には、「人に聞く」のがベストだ。印刷の仕組みのこと、撮影のこと、モデルのこと、ヘアメイクのこと……僕は知人に聞きまくり、情報を集めていった。

そうやって仕事をこなしていくうちに、

「このスケジュールだと、入稿に間に合いませんね。こんな段取りではいかがでしょうか?」

などと、クライアントの担当者とも対等に渡り合うことができるようになった。

この仕事のスタイルは、今でも変わらない。新しい仕事を引き受ける時は、いつも僕は素人なのだ。知ったかぶりやわかっているつもりにならずに、人をつかまえて聞きまくる。そうやって情報を集めていくと、それまで知らなかったことがどんどんわかるようになる。これがとても新鮮で楽しいのだ。

例えば、合コンでまったく話が弾まないとする。それは単純に相手の情報がないからだと思う。まず、相手はどんな子か、どんな仕事をしているのか、どんな洋服が好きなのかなど、相手の情報を聞きたいからこそ、何を話そうかとなる。相手の情報をいろいろ集めようとする。情報がないと出会いも少なくなる。その相手が異性だろうが、仕事だろうが同じだと思う。

よい人脈は、人から紹介してもらう

三つ目の大切なポイントは、「人から人を紹介してもらう」ことである。

「今、こんな仕事をしていて、こういうことができる人を探しているんだけど、いい人知らない？」

と、その方面に詳しそうな知人に尋ねまくるのだ。

人に紹介してもらうメリットの一つは、間に立っている人が責任を持ってくれるという点にある。「人に勧めてもよいほどのレベル」と判断したうえで紹介してくれるし、僕も紹介者に失礼のないようにと対応する。そこでは、確率的によい話ができることが多い。

そして、そこでいい仕事ができたら、その人からまたさらに人を紹介していただく。そうやって、いい仕事をしながら人脈を広げていくのである。

一番大切なのは、人に人を紹介することの責任感だ。「人脈が人望に変わる努力」が必要だと思う。

相手の希望とチャンネルを合わせる

仕事を頼みたい人には、必要な「深さと色」がある。

例えば、ポスター用のモデル撮影をするために、カメラマンやヘアメイクを探すとしよう。その作品の求めるテイストを満たすには、こんな技術や経験を持っている人がほしい、というレベルがある。

「その時クライアントが目指している路線が実現できる人」をイメージして探さなければならないのだ。

相手の望むチャンネルと、こちらの提案するチャンネルがぴったり合うと、いい仕事ができる。このチャンネル合わせが難しいところなのだが、双方のチャンネルがピタッと合うと、これほどいい仕事が生まれることはない。

これだって、僕ははじめからうまくいったわけではなかった。

ある仕事が来た時に、相手がどんなものを望んでいるのかを意識しないままに提案をすると、打ち合わせで却下されてしまう。

「なぜGOが出ないのか」

という理由を突き詰めずに次の提案をしていると、やがてその仕事は来なくなってしまう。そのあと、別の人がやったその仕事のでき上がりを見ると、僕たちが提案したのとは違うテイストになっている。僕らの提案は、相手の欲しいものではなかったのだ。

企画を出す時には、相手の望んでいるものをしっかりとらえて、きちんとチャンネルを合わせた提案をすることが大切だ。

「暇な時間」からよいアイディアが生まれる

数多く抱えている案件を進行している現在、「いかにスムーズに回すか」「自分の時間をいかにコントロールするか」を考えている。

当然のごとく、仕事には期限がある。

会社を設立した頃は何もわからず、ただただ依頼が来た仕事を時間内で何とか納品し、次々に何も考えずに人に会い、無理にでもスケジュールを埋めていた。

スケジュール表が空いているのが、怖かった。スケジュールを埋めるために動いていた。

がむしゃらだったからだけど、要はただ単に安心したかっただけだった。

でも、予定をこなすことが仕事になっていたので、実際に売り上げには繋がらなかった。

誰かに「任せる」ことも、怖くてできなかった。

「任せる」という行為も、意外と難しいのだ。


立ち上げから一二年たった現在は、あえて「暇な時間」をつくるようにしている。


暇な時間とは、つまり「考える時間」だ。

どんなに上質な情報をたくさん集めても、そこに「考える時間」がないと、それは、とても薄いものになってしまう。

「忙しい」という状況は、スケジュールに支配されている状態。その状況の中では柔軟な考えは生まれない。


緊急性のある仕事や納期が近いものは、速やかにやる。

ただ、仕事というものは、スケジュールが変わることが前提だ。

だからこそ、日常的に意識して、無理に日々のスケジュールは埋めず、案件の「整理」やアイデアを考える時間を作り、そのアイデアから何か違うことはできないか、今回の仕事では使えないか、次回の別の案件で使えるかなどと、「整理」することを心がけていると、自分の時間の使い方が成立しはじめる。

ちなみに、「整理」をしてから「整頓」をすることが大切！

「整理」とは、「いる」「いらない」を振り分けること。

「整頓」とは、振り分けた物事をどう配置するかである。

また、スタッフに仕事を任せれば、スタッフも成長するし、新しい案件に取り組む時間もできる。

自分だって失敗するし、スタッフも失敗する。

そのことが、自分自身できちんと理解できたときに、ようやく「任せる」ことができた。

なによりも「任せる」ことで、共有やコミュニケーションをとることにより、むしろ失敗を減らすこともできるのだ。

同時進行で考えるクセをつけよう

僕のスケジュール管理法を少し紹介させていただく。iPhoneには、

○月○日　○時　○○さん

それ、のみ。

もちろん、社内の誰もが観覧できる共有ファイルには、案件別のフォルダーに分けて、納期や進行状況の管理はしている。

ただし、基本的には仕事の流動的なスケジュールも、管理場所は、iPhoneでもパソコン上でもなく僕自身の「頭の中」にある。

少し難しそうに思われるかもしれないが、これにはコツがある。

現在進行中の案件が一〇件あったとする。

通常は「納期は?」「手配は?」「現在の状況は?」と、今まさに進行している一案件のみを考えるだろう。

その時に、せっかくだから、残りの九案件も同時に頭の中に浮かべてみるのだ。

「混乱しそう」と思われるかもしれないが、定期的にその作業を繰り返していると、いつの間にか同時進行で考えることができるようになる。

「コツ」というより「クセ」にしてしまえばいいのだ。

同時進行することで、日々一〇件の案件に目を配ることができ、失敗も減る。

少し止まっている案件も日々考えることで、思いがけない突破口が見つかることもあるのだ。

そして同時進行で考えるクセをつけると、共通点も見つかりやすくなる。

つまり、「同時進行」とは、案件(仕事)に対してズームするのではなく、「できるだけ広いところから見るようにする」ということである。

▶案件をできるだけ広いところから同時進行で見る

□ 同時進行で考えるクセをつけると共通点を見つけやすくなる。

俯瞰《ふかん》して見るようにすると、まったく関係ないと思っていた案件に、意外と共通点があることに気づく。

例えば、一つの情報であっても、Aという案件とBという案件の二つに有効であるということも多く、または、Aのために集めた情報であるのに、Aには使えなかったとしても、Cという案件に使える！　という場合もある。

一つひとつの案件ごとにブツ切りして情報を集めるよりも、全体として情報を集めた方が、時間短縮にもなる。

本屋はあらゆる情報が得られる場所

ただ、いきなり「頭の中での同時進行」するのが難しいと思うなら、今抱えている仕事の内容をランダムに紙に書いて、本屋へ行ってみよう。

そして、興味があるか必要であるかは無視して、あらゆるジャンルのコーナーを覗いてみるのだ。

ときどきその「メモ」を取り出して見比べていると、関係ないと思っていたジャンルの書籍のタイトルにヒントを見つけたり、この案件にしか使えないだろうと思っていた書籍が、他の案件にも共通しているなど、面白い発見ができる。

本屋は書籍のジャンル分けはされているけれども、視線をキョロキョロさせるだけで、あらゆる情報を得ることができる。

たくさんある情報と案件をミックスさせ、共通点を見つける訓練には、とても便利な場所である。

「アイデア」は情報がミックスされたところから生まれる。何かを生み出そうとする時には、整理しすぎてしまうと、何も生まれなくなってしまう。

いらない情報はどんどん捨てる

情報を整理しすぎてはいけないと書いたが、逆に言えば、整理し整頓することで頭の中やパソコンの中がシンプルになる。僕のデスクトップ画面にはファイルが三つほどある程度。いらない情報はどんどんゴミ箱に投げ込む。

僕の会社は二〜三年に一度、引っ越しをするようにしている。いらないものを徹底的に破棄するためだ。

紙の企画書や資料も二週間見なければ基本的には破棄する。「これはひょっとしたら使うかも!」と思っても、「ひょっとすること」はほぼない。いらない物がいかに会社の場所を占領しているか。賃料換算するとけっこうムダだと気づく。ムダなものに毎月場所を貸しているぐらいなら、捨ててしまって、より社員が働きやすい空間を増やす方がいいと思う。また、オフィスをきれいに保つことで仕事もスムーズになる。

心地よく仕事できるようにすると、ますます仕事も楽しくなる！

「梅田が○×社にいる」と考える

スペースに入社して数年たつと、僕の人生のターニングポイントがやってきた。

慣れ親しんだ会社を辞めて、一人立ちすることを考え始めたのだ。しばらくの間、僕は悶々と悩んでいた。

今の会社で評価されていても、裏を返せば、その会社でしか評価されていないということなんじゃないか？　でも、会社を辞めてやっていけるんだろうか……。

そんな時、ある会社の社長が、僕にこう言ってくれた。

「『○×会社の梅田』ではなく、『梅田が○×会社にいる』と考えながら仕事をすると、視野が広がるよ！」

目から鱗が落ちた。心に響く一言だった。この一言がすべてを物語っている――。

会社を立ち上げてうまくいくかなんてまったくわからないが、一度の人生、家も車も家族も持てた今だからこそ、ゼロから挑戦してみよう！　守るものはすべて整っている。逃げ場なしのほうが成長できそうだ。

そうして僕は「スペース」を辞めて、自分の力で歩いていくことに決めたのだ。

梅田流・仕事のルール①

ビジネスを広げる思考術

一、できなくても、とりあえず来た仕事は引き受ける！
↓ やる方法は、あとから考える

二、「相手の困っているところ」にビジネスチャンスがある！
↓ 相手が幸せになる企画を提案する

三、いつも成長しようと思えば、一つの行動で二度学べる！
↓ 実務と学びで楽しむ方向へ気持ちを持っていく

第二章

「よい人脈」を作るために

最初は「一万円の名札」の仕事から

会社を辞めて独立してから、僕は飲食店の設計や施工の仕事をしていた。

ある日、クライアントの担当者から仕事の依頼が来た。頂いたのは、店舗の名札のデザインの仕事である。

サラリーマン時代は、僕は年間で億単位の仕事をこなしていた。なのに、独立した途端に、出発点に逆戻り。イチからのスタートだ。

でも、僕はこの仕事をありがたいと思った。会社を作ったばかりで、最初からでっかい仕事は難しいだろう。僕は名札の仕事をいただいた時に、こう思った。

「これをどうやって広げようかな」

一万円の名札をキチンと仕上げ、次はちょっとステップアップして二〇万円くらいの仕事をいただけるといい。そうやってだんだん仕事を広げていこう。

少しずつ仕事をこなしていくうちに、一緒に仕事をしてくれるスタッフも増えていくし、周りの人脈も広がっていくだろう。それこそが財産になる。

そのうちに、「梅田はいろんなジャンルの仕事ができる」と、認識してもらえるようになるだろう。

最初のスタート地点はどこからでもいい、と僕は思っている。

例えば、コンビニの仕事をイメージしてみよう。

レジ打ちのバイトでコンビニに入ったら、「そこから重役になるのはどうしたらいいか」と考えてみるのだ。

どうしたらもっと早くレジの仕事ができて、お客さまの待ち時間が少なくなるか。同時に、そのコンビニがどのような仕事の流れになっているのかよく観察する。そして、どこに問題点があるかを見極め、どう改善したり、何を仕掛けると売り上げがもっと取れるようになるかと工夫するのだ。

そして、そのアイデアを店長にどんどん提案する。最初は疎んじられたり、

いじめられたりするかもしれない。しかし、提案が取り上げられて、店の売り上げが伸びれば、

「なぜ、あの店は売り上げが伸びているのか」

と本部から注目されるようになるだろう。そして、売り上げ増加の理由を確認すべく本部の人が見に来たら、その方法を話すことで、本部の人とのつながりができる。そこでさらに提案をしていけば、やがて「本部に来なさい」と呼ばれるようになるだろう。

時間はかかるかもしれないけれど、そうやって少しずつ上に登っていけばいい。だから、仕事はどこから始めたっていいのだ。

名札の仕事をいただいた時、僕はその仕事を心をこめて丁寧に仕上げた。すると次に、

「店舗を一つリニューアルオープンさせたいんだけど、どうしたらいいと思う?」

と、一店舗を任された。次には四つの店舗のリニューアルをまとめて頼まれた。

こんなふうに仕事をこなしながら、「プリンシパル」は少しずつ力を蓄えていった。そうして、会社を立ち上げた翌年には、当時の最先端のクリエイターたちが力を注いだ、ユニクロ心斎橋店のオープンに参加することになったのだ。

とにかく種を蒔いてみよう！

二〇〇四年（平成一六年）、「プリンシパル」を立ち上げて一年七ヵ月がたっていたころ、ユニクロ心斎橋店のオープンに携われる仕事の依頼があった。「レジの後ろの壁面にＬＥＤでサインを流したいので、それを製作して欲しい」というのだ。

当時、ＬＥＤはまだ今ほど普及していなくて、最先端だった。僕は専門家ではないからシステムはわからないので、とりあえず電話帳やインターネットで専門に扱っていそうなところを調べて、連絡しまくった。

連絡しては会いに行き……三〇社ほどお会いさせていただいた時、偶然にも大阪で受けてもらえそうな会社を見つけたのだ！

そこからは、毎日のように大阪に飛んでいき、相談した結果、「できる」という結論に達して、お願いすることになった。ユニクロ心斎橋店の工事にも毎週通った。

工事現場に行った時に、「サインのことで困っていることがある」と聞き、翌週、店内のサインの取り付け位置や形を図案にして、自主的に持って行った。

そのままの形では採用されなかったが、

「それなら、サインのミーティングにも参加して」

と言ってもらえて、サイン関係の仕事にもつながった。ミーティングの時には、照明やディスプレーなど、引き受けている仕事とは関係のないことでも話をしていくようにしていた。

「どうなるかわからないけど、種を蒔いてみよう!」

という意気込みだった。すると、その種からも芽が出るものがあったのだ。

わからないことは、電話をかけて聞く! 相手が九州であっても教えを乞うために出かけていく! 気づくと心斎橋の上で寝ていたこともあった……。つらい毎日だったが、心の底では、本当にうれしかった!

いろいろな人に電話し、会いに行き、協力してくれる方がだんだん増えていく……。クライアントのために働ける! 最高だった!

「御社はどれくらいの規模?」

電話をかけた会社から、イヤな電話の切られ方をして、めげることも日常茶飯事だった。

なぜ、こんなイヤな電話の切られ方をされたんだろう?

会社の規模に関係なく仕事をしていくには、どうしたらいいんだろう?

こういったことも含めて、すべてが学びだった。

はじめはたった一つの仕事の依頼だったけれど、そこからまたサラリーマン時代とは違った設計以外の形で関われるようになった。さらに、新しい業種の方々とつながりを持てるようになっていった。

「どうしたらできるか？」は魔法の言葉

二〇〇五年（平成一七年）秋、ユニクロ全店でのディスプレーツールを開発して欲しいという連絡が来た。最初は「何をしようか、どうすればいいのか」といったミーティングが幾度も行われた。ミーティングのゴールは、

「楽しく、より合理的に」

一つのものをどのように変えられるかを検討しよう、ということだ。

売りたい商品を、どうするとお客さまに伝えられるか？

▶「どうしたらできるか？」を考えると、新しい情報を得られる

□ さまざまなやり方を検討して、
チャレンジすると最高のパワーが出る。

単なるマネキン台ではなく、どのように形を変えるか？

マネキンの台座の色を替えたり、高さを変えると売り場と商品の見え方も変わるのだ。いろいろなアイデアを考え、図面を描きまくり、たくさんの工場に足を運びサンプルを製作してもらった。

マネキンステージをさまざまな形に変えられるパーツを足すことで、商品を掛けられるようにしよう。高低差もつけられる。ポップ的にも使える！

でも、アイデアはいいけど安全性は？　さまざまな問題点が浮かんでくる。

「これ以上はムリ」

工場の人に言われ、トライ&エラーを繰り返す。

工場のA社とB社、流通のC社が組めばすべてのことができることに気づく。しかし、業種の違うA社とB社をどう組ませればいいのか……。

それはディスプレー業と什器開発と商社的な仕事だった。もはや、サラリーマン時代に学んでいた店舗設計の領域ではなかった。

「できないではなく、どうしたらできるか？」

そのことだけを考え続けていた。目標を達成させるために、新しい情報を得られる。チャレンジすると最高のパワーが出る。

「どうしたらできるか？」は、魔法の言葉だと思う。


では、試行錯誤の結果はどうなったか？

二〇〇六年（平成一八年）夏、黒とシルバースチールのツートーンカラーの「形を変えるディスプレーステージ」は、ユニクロ全店に置かれることとなった。見覚えがある方がいたら、このうえない喜びである。

リスクなくして儲かる仕事はない

その年は、さまざまなことを学ばせてもらった一年だった。

ユニクロ全店にデザインを施した布をディスプレーとして使用することを提案し、実現した。布の縫製と染色の難しさを学び、東京ドームを埋め尽くすほどの生地の量に圧倒された。他社からも声がかかるようになっていた。

僕は少し安心しすぎていたのかもしれない。まさかのミスを犯してしまう……。

ある時、こんなビジネスを持ちかけられた。

「USBから熱源を取る技術で商品開発をしたいんです。一緒にやりませんか?」

尊敬する人からの紹介だった。小さい会社だったが、仕事の良し悪しに会社の大きさは関係ないと思っていたし、「また新しい勉強ができるかもしれない!」と快く受けた。

パッケージデザインや売り方などのミーティングをし、

「商品開発って、こんなにスムーズにいくのか!　僕の成長は早い!」

と浮き足立つ心の片隅に、

「でも、こんなに何でもスンナリいくものなのだろうか……」

という一抹の不安はあった。けれど、

「世の中って、案外こんなものなのかもしれない」

と思うことで、不安を打ち消していた。

ある日、その会社から、

「商品化に向けて、会社を大きくします。商品化にはお金がかかるので、ともに出資してビジネスをしましょう」

と持ちかけられた。

「このチャンスをものにして、新しい技術とデザインと売り方で旋風を巻き起こすぞ！」

僕は舞い上がった。心の中では、独立して初めての大金を手にし、成金になっている自分の姿のイメージがあった。

ところが、出資をしてからその会社に行くと……会社がない！　連絡もつかない。僕は騙されて出資金だけ取られてしまっていたのだ。

「やってしまった……」

まるでドラマのワンシーンを見ているかのようだった。マンガのように頭の中で、「成り上がり梅田」の文字が、音を立てて崩れていく。

紹介してくれた知人に連絡をすると、そちらも同じような状況だったことがわかる。世の中そんなに甘くない……。

調べてみると、出るわでるわ……。サギまがいのことをしている会社だった。相手の情報をよく調べなかったことから来た失敗だった。

楽して儲かる仕事はない。世の中の人は、みんな苦労して初めて収入を手にしているのだ。苦労やリスクのないところには仕事はない、自分のポジションを俯瞰的に見て、もっと分析しなければならない、と思い知った。

独立したばかりの時期にこのような経験をしたことが、よい教訓となった。

感謝は人間社会のエネルギー

この時だまし取られたお金は、世の中を知るための授業料だったと思う。

「だまされた！　あいつは最悪だ！」

ではなく、失敗に気づかせてくれたことに感謝！　と気持ちを転換すると、ストレスなく自分にポジティブになれる。すると、失敗が減ってよいアイデアが出るようになる。いい循環になるのだ。

日々感謝する。

誰にでも感謝する。

どんなことでも、「知らないことに気づかせてくれる」と考えると、人とのつながりが増えるし、いろいろなことが上手くいくようになる。感謝しようと思うと、ごく自然に相手や仕事のよい部分が見えてくるようになるのだ。

つまずくのは、進んでいる証拠

だまされたり、失敗したり。未だに、僕自身も日々失敗を繰り返している。

「あの時、こうすればよかった」

「会議でまだあの話はしなければよかった」……。

しかし、落ち込んだ時に、僕はいつもこう考えることにしている。

「失敗したのは事実。だけど、過去は変えられない。失敗したという『つまずき』があるからこそ、歩いていると実感できるんだ。この仕事は進んでいる！行動できているんだ！」


例えば、こんなできごとがあった。

息子が、バック転ができないと嘆いていた。失敗ばかりでできない、というのだ。

「だから、バック転するのをあきらめる」

という。だけど、そこで止まってしまっては、一生できるようにならない。前には進まないのだ。

僕がそう話すと、息子はやり方を工夫するようになった。全部を一度にすることはまだできないけれど、パーツに分けて練習したらできるんじゃないか？ そして、手の振りを変えたり、脚をもう少し早く回してみたり、いろいろな失敗を繰り返すうち、ついに昨日、バック転ができるようになったのだ！

「どうすればいいのか？ どうすればできるようになるのか？」

と、子どもながらに必死に考えて分析した成果だった。

大人の仕事も一緒だと思う。それに気づかせてくれた子どもに、僕は感謝した。

来た仕事はみんな引き受ける

店舗の中には、ポップ（POP　Point of purchase advertising）という販売促進のための広告が置かれている。ポップには大型のパネルや卓上スタンドのような立体型のもの、プライスカードのようなピンポイントのものもある。書店の店頭やレコード店などで、その店のおすすめ商品をアピールするために使われているので、目にしたことがあるだろう。

ポップは人気の商品を目立たせて、お客さまの購買意欲を高める効果がある。ユニクロでも、店舗の中にさまざまなポップを置き、お客さまが商品を手に取りやすいように工夫していた。

ある時、僕がポップのデザインをしていると、ユニクロの担当部署の人から、

「ポスターの印刷までお願いできないかな」

と相談された。それまで僕は、まったく印刷関係の仕事をしたことがなかっ

た。でも、とにかく来た仕事はみんな引き受けよう。

「じゃ、一〇店舗分だけお引き受けします」

と答えて、ポスターや店頭に置くチラシといった販促物の製作をすることになった。印刷物の勉強をしながらの、泥縄式の仕事である。その最初の打ち合わせでのハプニングは、第一章に書いたとおりだ。

そこで仕事をするにあたって、まず僕はいくつかの点に注目した。


ユニクロが強調したいと考えていることは何か？

売りたいウエアの特徴を際立たせるには？

どんなモデルやタレントにウエアを着せるか？


そんな企画を提案して、実現していった。そのうちにデザインばかりでなく、撮影現場も任されるようになり、やがて「全国すべての店舗分の印刷物を作ってほしい」と依頼されることになった。

ポスター用の撮影をするには、まず取り上げるコンセプトに合わせたイメージ作りをする。そして、イメージにぴったり合ったモデルをキャスティングする。次に、作りたいヘアスタイルを実現してくれそうなヘアメイクを探し、オリジナリティーのある撮影ができるカメラマンをつかまえる。そのころは、国内の最先端の技術を持つ、ほぼすべての会社や事務所と仕事をしていたと思う。

やがてユニクロが急成長するにつれ、海外にもアーチストを求める必要が出てきた。ニューヨークのモデルエージェントに電話やメールを送り、モデルに来日してもらい撮影するのである。NYのエージェントを始めとして、海外のモデルたちをリストアップして担当者と話をし、撮影現場を手伝っていった。

制作のすべてに関われたのは、本当にありがたい勉強の機会だった。毎月どれほどたくさんの撮影と印刷を繰り返したことだろう。まさに撮影に次ぐ撮影の日々だった。始めのころは、モデルとカメラマンだけでポスターに仕上げていただけだったのに、僕たちはだんだん大がかりになり、そのうえ手の込んだ編集作業もできるようになっていった。

「あなたたちが必要だ」と言われる仕事をする

　さまざまな会社の販促物の印刷を手掛けるようになって一年半ほどたったころ、

「この仕事を、プリンシパルの半額でやります」

という会社が現れた。僕は、「もう潮時だな」と感じ、この仕事から手を引くことにした。そして、次の新しい仕事に力を入れることにした。

　僕は撮影中にも、ポップのアイデアや、WEBの改良案を出したり、印刷工程についても整理し、時間の短縮や効率のよい方法を提案していた。ユニクロばかりでなく、この仕事に関わった人たちをつかまえては話し込み、業界の事情を聞いたり、仕事の相談に乗ったりしていた。その関係で、すでにここから派生した別の仕事もいくつかスタートしていた。

　ところが、そのあともたびたび同じようなことが起こるのだ。どんな仕事をしていても、僕たちがオリジナルで始めた仕事を見ていて、「同じやり方を安い金額でやります」という会社が必ず出てくるのである。

彼らは、「同じものを大量に安く作る」という発想なのだ。けれども、「うちはさらに安くします」という別の会社が現れてしまったら、さらに価格を下げざるを得なくなり、果てしない低価格競争になってしまう。

そうなると、「安いのだから事故や不良品があってもしかたがない」という考え方が生まれてしまうのだろう。それでも依頼主がよしと言うならば、納品してしまうかもしれない。

でも僕は、それでいいのだろうか、と思う。

仕事に新しいアイデアがなければ、そこにあるのは単なる低価格競争のみで、やがてジリ貧になってしまうだろう。同じアイデアや技術を安くするというだけの提案では、「うちはいりません」と言われればそれで終わりなのだ。

仕事には、付加価値やオリジナリティーをつけることが大切だ。

「あなたのアイデアや技術が必要なのです」

と、仕事相手に認めてもらう仕事をするのがベストだ。そうすれば、同じ単価でも必ずこちらの仕事を選んでもらえると思う。

そのためには、対象となるものの不便なところや足らないところをどうやって埋めていくか、といった発想が必要だ。

人とのつながりの中から、人脈はできる

ユニクロの一〇店舗分のポスターや販促物を作っていたころは、町の小さな印刷所に印刷をお願いしていた。けれども、どんどん規模が大きくなっていくために、そこでは回しきれなくなってしまった。毎月、ポスターだけで何十万枚も刷り、全国のユニクロ店舗に配送しなければならなかったからである。

そこで、いくつかの大手印刷会社に印刷をお願いすることになった。モデル

の撮影をしたり、印刷の工程に関わっている間に、当然、印刷会社の担当者とも話をする機会がたくさんあった。

印刷所の人たちにとって、撮影をして、原稿を作って印刷所に回す仕事をする僕らたちは、カセットの一つなのだ。僕たちのようなカセットがたくさんあって、アイデアを出して原稿を作り、印刷所に回してくれさえすれば、自分たちの高度なインフラで印刷できるという自負があるのだ。

しかし、話を聞いていると、印刷の仕事が来れば最高の仕事ができるけれど、自分たちで新しく企画する部分が弱いのを悩んでいるように感じられた。そこで今、一緒に解決方法を探っている。

僕らがアイデアや企画を出すことで、何か役に立つことがあるといいと思う。

ある仕事をすることで、それに関わる人たちと新しいつながりができる。それが人脈なのだ。違うジャンルの世界を知ることで、仕事の広がりを持つこともできる。

そして、その人に困っていることがあるなら、手助けをしたいと思う。たとえその場で利益にならなくてもいい。喜んでくれる人がいたり、広がりのある仕事ができるなら、それでいいと考えている。

誰もあなたの人生の責任を取ってくれない

今、銀行をはじめとして、誰もが知っている大企業ですら、人員整理や倒産がささやかれる時代になっている。これからは、あなたの人生に対して、会社も国も、誰も責任を持ってくれないのだ。

そんな中にあって、たとえ小さくても、自分自身で何とかしていかなくてはならない。一つのことだけをやっていて、それがよほど突き抜けた才能であったり、技術であるならよいかもしれない。だけど、僕たちの多くは、そうではない。もっと視野を大きくし、仕事の幅を広げていかなければ生きていけない時代になっていく。

仮に会社の中で働いている人であっても、与えられた目の前の仕事だけをしていればいいというわけではなくなる。仕事全体を、自分らしいスタイルに創り上げる工夫と努力が必要となるだろう。

そう聞くと、「自分には難しい」と思われる人もいるかもしれない。けれど、視点を変えればそれほど難しいことではないと思う。

今、一緒に仕事をしている仲間や相手をよく見てみよう。仕事のことでも、個人的なことでもいい。

彼は、何か問題を抱えていないだろうか?

もし何かに困っているなら、それを助けてあげる方法を考えればいい。相手の助けになる力を持っている知人がいるなら、紹介してあげてもいい。するとそこに仕事が生まれる。

人の縁を大切にしていくことが、新しい仕事を作ることになるのだ。その結果、助けられた人は喜び、自分の心も温かくなる。お金はあとから自然についてくるのだ。

お金儲けをしよう、という気持ちが先に立つと、やがてはいろいろなものに疲れてしまうだろう。そして、結局はあまりうまくいかなくなると思う。

機会がないなら作る！　表参道を『着物で、歩く』

「このごろ、着物を着る機会ってなかなかないよね」

ある日、弟がポツリと言った。僕の弟は藤間信乃輔といって、和舞踊家である。

今、日本の伝統文化は次々に姿を消しつつある。そのもっとも顕著な例が、着物だろう。ほんの一〇〇年ほど前、日本人はみな日常生活で普通に着物を着ていたのだ。けれど、たったそれだけの間に、すっかり着物を着る習慣はなくなってしまった。今では、お宮参りや成人式といった、ハレの日の特別な装いでしかない。

弟は、古きよき日本の着物の文化を次の世代に伝えたいと、「和こころ舞」というスタイルを広める活動をしている。日本舞踊のエッセンスを取り入れた覚えやすい舞い方や優しい所作を学ぶことで、日本人の和の心を感じ、日常の立ち居振る舞いも優雅に美しくなれるというものだ。

「着物を着る機会がないというなら、作ればいいじゃないか」

着物を着る場がないなら、着物を着られるイベントを企画してしまおう。それが『着物で、歩く』というイベントを行うきっかけとなった。

二〇一一年（平成二三年）二月二〇日、表参道のAO《アオ》ビルの一〇〇坪ほどのスペースを拠点に、着物イベントがスタートした。

第一部は、オープニングイベントとして、すみユニットさんによる書道パ

イベント『着物で、歩く』では、200人もの着物姿の男女が表参道ウォークを楽しんだ。（中央の帽子を被った着物姿が著者）

フォーマンスと三味線奏者の山影匡瑠《まさる》さんの三味線パフォーマンスを楽しんだあとで、参加者全員で表参道に繰り出して表参道を着物ジャック。三々五々の歩みとはいえ、二〇〇人もの和装の人の波は、かなり人目を引くものとなった。

レセプションは、九谷焼の大皿に盛りつけられた日本料理を楽しみながら、さまざまなイベントを楽しむもの。

イベントは、まずは日本酒文化プロデューサー五嶋慎也さんを中心とした、酒蔵さんたちのご厚意による日本酒試飲会が行われた。続いてきものディレクターの黒柳聡子さんによる着物ファッションショー、再び山影さんによる三味線ライブ、すみユニットさんによる書道と水彩画のライブパフォーマンス、友禅アーティストの上坂幸栄《ゆきえ》さんによる優美な加賀友禅CGをバックに信乃輔の「和こころ舞」……と、盛りだくさんの内容である。

九谷焼の大皿に盛られた料理は、僕がオーナーを務める「小梅　浦和総本店」の料理長が腕を振るってくれた。

イベントでパフォーマンスを披露してくださった方たちは、みなさんボラン

ティアであった。打ち合せの際に、「楽しいイベントにしたいね」と言ったところ、

「僕、こんな人を知ってるから、声を掛けるよ」

「こんなすごい人がいるよ。参加してもらおう」

と言って、主催者たちがそれぞれ自分の知っているルートで声を掛けて集まっていただいた方たちなのだ。その方たちはみな手弁当だが、このイベントに参加したことで、それぞれに新しい出会いがあった。そうして、その後に仕事を一緒にしたり、別のイベントで協力しあったりしてつながっていった。


ないからできないのではなく、「どうすればできるか」を考える。発想を切り替えるだけで、きっかけはできる。きっかけができたら想い描いて人に伝える。

そうすることで仲間ができ、広がりが生まれることがとても大切だと思う。

伝統を新しい形で表現した「九谷焼のシューズ」

そのころから、僕は日本の伝統文化がとても気になるようになっていった。九谷焼は、僕の故郷である石川県金沢市周辺で生産されており、身近に見ながら育ったことも、興味を持つ理由の一つだったかもしれない。

金、青、緑、黄などの濃い色をふんだんに使う華麗な色使いと、斬新な絵柄を特徴としているため、その存在感と豪華さは他を圧倒している。

先に書いたように、時代の流れの中では、日常生活のもっとも顕著な姿である着物の習慣ですら、たった一〇〇年で失われてしまうのだ。よほど何かを考えないと、伝統文化は残っていくことができないだろう。日本の伝統文化全体が、このままでいけばなくなってしまうのではないかと思う。

なぜ、昔はこのような手の込んだ品がたくさんあったのだろう？

答えは簡単、献上する相手がいたからだ。高価な刀を購入できるだけの財力のある大名がいたのである。だからこそ、持てる技術を駆使して刀を作った。ところが今は、そこまで精巧な物を作っても、買う人がいないからビジネスになりにくいのだ。

僕は、九谷焼で何か現代にアピールするものができないか、と考えた。その方面の知り合いにいろいろ話を聞いてみると、九谷焼で、器に限らずさまざまなものを作っている若い職人がいるという。九谷焼の職人、北村和義さんがカブトムシやフラワーアートといった面白い作品を創作しているというのだ。

形にこだわらず、新しい何かを創れたらいいかも！

さっそく北村さんに「来週、遊びにいく」と電話し、

「九谷焼でスニーカーを作ろう！」

と伝え、電話を切った。

どうせなら、どこか靴メーカーが興味を持ってくれないかな。

「MADFOOT!」の今井タカシさんにご相談させていただいたところ、靴のデザインをご提供くださり、その型から、北村さんが九谷焼でシューズを仕上げてくれたのだ。

今井さんは、「MADFOOT!」というシューズブランドを作り、二〇万足のスニーカーを売りまくった、伝説のシューズデザイナーだ。これまで数多くのブランドやアーティストとのコラボレーションを仕掛け、九〇年代のスニーカーブームの中心となって活躍していた、スニーカーファンなら誰もが知っている人だ。

北村さんが作ってくれたのは、濃紺の唐草模様をあしらい、青海波の上に真紅の鳥たちが飛び交って菊の花が咲き乱れ、そのうえに金色をふんだんに使ったスニーカー。日本の伝統文化をモチーフにした、九谷焼の豪華さを最大限に活かした素晴らしいスニーカーが出来上がった。

この「九谷焼シューズ」はかなり話題になって、さまざまな媒体で紹介された。その後、このシューズは海を渡ってオランダ・アムステルダムにまで行く

シューズデザイナー今井タカシさんと九谷焼の職人北村和義さんのコラボレーションで生まれた「九谷焼シューズ」。濃紺、青い海に真紅、金色などをふんだんに使った豪華な１点限りの貴重なスニーカー。カラーでお見せできないのが残念！

ことになる。日本のスニーカーカルチャーを伝える書籍『シューズマスター』で「MADFOOT!」の広告として誌面を飾った。

伝統を守るということは次世代への継承である。形にとらわれることなく、伝えたいことや気持ちが大切なのだと思う。

従来とは違う形を探っていくことも、必要かもしれないと思う。

この「九谷焼シューズ」も、将来何かの形で九谷焼の世界のお役に立てればいいと思っていた。

その数年後、この時出会ったメンバーで、また一緒にもの作りをする機会があった。

二〇一五年（平成二七年）初頭、フランス・パリのユニクロからこんな打診があった。

「日本的な飾りつけをしたいのだが、何かいいアイデアはないですか」

そこで、北村さんにお願いして赤い「ユニクロ」のロゴマーク入りの大皿を

北村和義さん作の九谷焼の美しい昆虫たち。これがヒントになって
「九谷焼シューズ」に発展した。

九谷焼で作っていただいた。焼き物の面白さと存在感のある、素晴らしいエキゾチックなロゴ大皿ができあがった。今、ユニクロパリ市マレ店の入り口には、「九谷焼ロゴ大皿」が置かれている。

ジョコビッチ選手に渡した「九谷焼の表彰状」

現在、男子プロテニス界では、セルビア出身のノバク・ジョコビッチ選手が世界ランキング一位を誇っている。そこで、ユニクロではジョコビッチ選手がツアー格付けの高いマスターズ大会である、マイアミ・オープンとBNPパリバ・オープン（米インディアンウェルズ）の二大会連続優勝を三度遂げたことをたたえ、表彰状を贈呈することになった。

そこで白羽の矢が立ったのが、北村和義さんの製作する九谷焼だった。

ユニクロから贈られた「九谷焼の表彰状」とともに笑顔を見せる、
プロテニスプレーヤーのノバク・ジョコビッチ選手。
（写真提供　株式会社ユニクロ）

僕に打診があったのは、ユニクロパリ市マレ店に九谷焼の大皿が飾られるようになって間もなくの四月。日本好きのジョコビッチ選手に、いっぷう変わった日本らしい贈り物をしたいと考えたのだ。

北村さんが腕をふるってくれてできあがった表彰状は、白色の陶板の周囲にピンク色の桜と金の唐草模様の色柄が施されている。文章はすべて日本語で書かれ、文末には柳井正会長兼社長の署名とユニクロのロゴマークが押されている。

五月二〇日、表彰状は無事ジョコビッチ選手の手に渡された。ジョコビッチ選手は、五色の色彩の鮮やかな九谷焼の表彰状を見て、

「家に専用のスペースを作る」

と言うほど、気に入ってくれたという。

シューズから始まった九谷焼シリーズ。「面白いことやってるね」というアピールは、世界に九谷焼の素晴らしさを紹介することができるまでになった。

日ごろから人の心に引っかかることをやっておくことが大切なのだ。始めは

小さな種でも、やがて別の形で実を結んでいく。

一つの伝統工芸も現在に合わせた新しい発想を取り入れることで、これまでにない「形」になる。

なにごとも「こうあるべき」と決めつけてしまうのはつまらない。

頭を柔軟にすると、意外なアイデアが生まれるし、その方が楽しいと思う。

「生きたお金」の使い方

「九谷焼でシューズを作ろう！」という相談をしていた時のこと。

みんな「いいねぇ！　面白そう」と盛り上がるのだが、「でも資金がね……」というところで行き詰まってしまう。新しいことをする時に立ちはだかる壁だ。

そこで、資金面は僕がカバーすることにした。

将来、それが何か仕事に結びつくかもしれない。あるいは、何もないかもしれない。僕はそれがいいと思っている。

九谷焼の北村さんと出会い、シューズデザイナーの今井さんとものを作りをすることができた。それぞれの業界の話をたくさん聞くことができた。それがいい。そこから何かつながりやアイデアが生まれ、いつか別のフィールドで面白いことがやれるだろうから。

僕は、「生きたお金」の使い方をしたいと思っている。

働いたお金を貯金していると、少しは利息がつくかもしれないが、それは「死んだお金」の使い方だと思う。貯金は単純にお金が「少なく増えていく」だけで、何の情報も得ることができない。

例えば、映画を観るのでもいい。人に会って、飲みながら話すのもいい。そことで、情報がもらえる。新しい人との出会いもあるかもしれない。今すぐに仕事や収入に結びつかなくたっていい。

言い換えれば、生きたお金を使うことは「自分にガソリンを入れる」ことなのだ。

車にガソリンが入っていれば、遠くまで出かけていくことができる。そして、まだ見ぬ世界を見ることができる。ガソリンが増えるほど、ステージの高いフィールドに行くことができるのだ。

お金を出して、何かを経験する。すると、「経験」というガソリンが入ってくる。「経験」を通して、「情報」も入ってくる。「情報」は、お金を出してでも取っていかなければならないのだ。

これも生きたお金の使い方だ。お金を抱え込んでいるのではなく、経験し、情報を得る。その情報が、今すぐには形にならなくても、将来何かの発展があればいい。

もし仕事仲間と飲み会に行って、僕が一番年上だったら、僕がみんなにごちそうすべきだと思う。昔、先輩たちがそうしてくれたように、今度は後輩たちに奢る番なのだ。

今は巨匠になった北野武さんがまだビートたけしさんだったころ、よく週刊誌に「一晩中豪遊！」などと書かれていた。飲み屋のお客さんたちに「この店にいる人全員に奢る！」なんて言ったりするという。だけど、記事をよく読むと、下積みの芸人さんや仕事がない人たちにごちそうしているのだ。

たけしさん本人は、きっと見返りなんか気にしちゃいないだろう。だけど、きっとたけしさんを大好きな人が増えるだろうと思う。その人たちは、将来何かあった時にたけしさんのために集まることだろう。そういうことが、生きたお金の使い方なのだと思う。

「一緒に仕事をやりたい」人になる

仕事をする時に大切なのは、まず相手が幸せになる方法を見つけることだと思う。相手が幸せになることで、自分も幸せになる。そこに仕事ができて、お金が生まれるのだ。

自分だけの利益を優先しようとする行為は、おそらく長くは続かないだろう。やがて誰かが離れていき、人の輪がそこでパツンと切れてしまう。そして、そこから先は情報が取れなくなり、身動きできなくなる。

それよりは、みんなが幸せになる仕事を考えた方がいい。

それにはまず、「相手の気持ちに共感する」ことが大切だ。

「あなたの会社の抱えている問題点は、ここにあるのでは？　こうしたらいかがですか？」

と相手の悩みに寄り添って、解決方法を提案する。

「実は、そうなんです。一緒に助けていただけませんか」

相手はこんな気持ちになるだろう。一緒に仕事をしていて、心から相談できる人になること。さらに、相手がワクワクするような提案ができればもっといい。仕事全体が楽しくなるようなムードを持つのもいい。

「人脈は大切」というものの

「人脈は大切である」ということは、おそらく、誰でもわかっていることだと思う。ただ、気をつけていただきたいことがある。

仕事における「人脈」と「知り合い」は違う。

「人脈」と「友だち」も違うということだ。

僕自身も、昔はいろいろなセミナーなどに参加し、新しい人脈探しをしていた。「それこそが仕事の幅を広げ、大成功する秘訣なんだ！」と思い、どんどんスケジュールを埋めていた。しかし、残念ながらその時につながった人、関わった人と今もつながっているかといえば、僕の場合においてはゼロ。もちろん、多くの学びはあったけれど！

当時は名刺がものすごい枚数になっていた。今思うと名刺の量が人脈と勘違いしていた節もある。子どもの頃に集めたビックリマンシール的な感じだった。キラキラ光るフォログラム的シールは大手の社長の名刺！　くるくる回る名刺ストックに、あいうえお順で整理して増えることに充実感を覚え、「いろいろな方とつながっている！　凄い人と知り合いになっている！　これでもう何かがあっても大丈夫だ」と思っていた。

そもそも「何かがあっても」と思っている時点で何もなく、自分でことを起こさないと実際は何も起こらない。また、共通の仕事がない限り、一度や二度お会いしただけでは、人脈にはならない。

連絡先のデータが増えただけなのだ。


こんなことがあった。

若い方と食事をしていた時、「自分もA社の社長を知っている。その社長とつながっているので、僕に任せてください」と言う。

「それは頼もしい、ぜひお願いしたい」

と、おおいに盛り上がった。

A社の社長は僕も親しくさせていただいていたので、盛り上がりついでに、その場で社長にお電話し、若者に携帯電話を渡した。いや、正確に言うなら、渡そうとした。すると、「無理です」と両手で電話を突き返されてしまった。

彼によく話を聞いてみると、名刺集めのデータの一つにすぎず、本当の「人脈」ではなかったのだ。

「人脈」は作るというよりも、「温める・育てる」ものだと思う。

それだけに、手間も時間もかかる。お互いを理解することがなかったら、「人脈」にはならないだろう。

よい人脈を作るコツ

例えば、こんなイメージだ。

ここに、Aさんという仕事相手がいる。Aさんは仕事の上で困っていることがある。Bである僕は、一緒に解決方法を考えている。そこでCという人物を思い出す。

「そうだ、CさんならAさんの助けになるだろう」

B（僕）は、AさんにCさんを紹介する。そして、AさんとCさんの出会いが上手く行くようにサポートしていく。最初の活動資金が足らないなら、B（僕）が提供することもある。

ＡさんとＣさんがつながることで、そこに新しい仕事が生まれた。ＡさんとＣさんはゼロからイチを生みだし、Ｄという面白い仕事が新たに発生した。Ｂ（僕）は、Ｄの仕事をすることになった。

Ｂ（僕）は、困っているＡさんが、Ｃさんと出会うことでうまく仕事が回るようになるなら、それで満足なのだ。自分が儲けるために、人と人をつなげるのではない。自分が儲けることより、困っているＡさんにとって一番良い方法を見つけてあげたい。そのうえで、「面白いこと」ができればそれでいい。

Ｂ（僕）が最初から儲けようという行動を取ると、考え方が小さくなったり、きっと途中でうまくいかなくなったりするだろう。今は持ち出しだけになってもいい。このことで経験を積んで、自分のレベルを上げていくことができる。自分をレベルアップさせるための経験だと思えばいい。

不思議なもので、最初に利益に固執しないで、相手のためにと考えて行動すると、それをどこかで誰かが見ているものだ。直接の相手は感謝の気持ちを持ってくれるし、見ていた人が声を掛けてくることもある。

お金も縁も貸してくれる「世の中銀行」

僕のイメージの中には、ある銀行がある。僕はその銀行を「世の中銀行」と呼んでいる。「世の中銀行」は、誰もが利用できる心の中のスーパー銀行だ。

今、AさんとCさんがつながったことで、問題が解決して新しい仕事が生まれた。きっとこの時、Aさんは僕に「感謝の気持ち」を持ってくれただろう。そして、その「感謝の気持ち」をチャリーン！　と僕の「世の中銀行」の口座に入金してくれる。

Aさんと出会ったCさんは、「ご縁」という通貨を僕の口座に入れてくれる。僕は、新しい仕事への熱い想いを「世の中銀行」に預けた。

こうやって、年を経るに従って「感謝」や「ご縁」や「想い」が「世の中銀行」にどんどん貯まっていく。

そのうちに、僕が困った事態に陥ることもあるだろう。新しい仕事を始めたくて、資金が必要になることもあるだろう。その時に、Aさんが僕を助けてくれるかもしれない。あるいは、助けてくれる誰かを紹介してくれるかもしれない。Cさんが資金を貸してくれるかもしれない。

これまでに「世の中銀行」に貯金してきた「感謝」や「ご縁」が、きっと僕を助けてくれるだろう。そして、くじけそうになった僕の気持ちを、「世の中銀行」にたっぷり蓄積された「熱い想い」が奮い立たせてくれるに違いない。

だから、今すぐに「現世のお金」が儲からなくたっていいのだ。それよりも、今は人のために働いて、「世の中銀行」に人の心を貯めていくようにしよう。本当に必要な将来、きっと回収できるのだから。

「世の中銀行」は、誰でも使える銀行だ。これを上手に使うようにしよう。そんな仕事のやり方は、あなたの心もきっと幸せにしてくれることだろう。

▶世の中銀行は誰でも利用できるスーパー銀行

□ くじけそうになったら
世の中銀行の貯金が助けてくれる。

飲み会の後には、すぐ「挨拶メール」

人からよい人を紹介していただいた時、気をつけていることがある。

それは、メールを上手く活用することだ。

数社が集まったミーティングの後や、食事会や飲み会、パーティといったところで初めての方に出会ったら、すぐその翌日には、いただいた名刺のアドレスに「ご挨拶メール」をお出しするのだ。

「昨日は、お疲れさまでした！」

「昨日ご挨拶した梅田です」

「次にお会いできるのを楽しみにしています！」

文言は短くていい。「つながりたい」と思った人に、記憶の新しいうちにメールを出しておくようにする。出会いの盛り上がりの熱のあるうちにメールをすると、忘れないでいてくれるのだ。

しばらくたってから、仕事の話で会う機会があれば、「あ、あの時メールをくれた人」と、よい印象とともに記憶してくれている。これが一ヵ月もたってからだと、すっかり忘れられてしまう。

メールを旧知の間柄だけでやり取りするのはもったいない。よい人とのつながりを作るためにも、うまく利用したい。

精神的に疲れない習慣

スケジュールを管理して、昔よりは効率的に動けるようにはなったが、残念ながらまだまだ成長の過程の中にいる。これを書いている今も、徹夜に近い状態だ。

スーパープレッシャーからも逃げず、次のステップアップを考えながら、頭をフル回転させても、突発的な仕事が入ったり、複数の案件に同時に問題が生じると、正直、「二四時間では足りないな」と思ってしまう。

ときどき、

「梅田さんはメンタルが強いですね。精神的に崩壊しないのですか」

と聞かれることがあるが、断言しよう。

「僕は決してメンタルは強くはありません」

メンタルがそれほど強くないから、つらい時には不真面目な自分に変身してしまう。

不真面目といっても納期遅れや遅刻してもいい、ではない。

「つらいけど成長してるぜー!」

「ここさえ乗り切れば、一日目いっぱい遊んでやるー!」

「これが終わったら二〇〇〇円分チロルチョコ買ってやるー!」

「サウナと水風呂を一〇回行き来してやるー！」

などなど……。

子どもみたいだと失笑されそうだが

「何かいいことはないかな――!!」――

と、少し不真面目に、くだらないと思われるようなことを考える。

仕事とはまったく別の頭で考えると、心が折れにくくなり、気持ちの安定をキープすることができる。

野球のバットも精神もそうだが「折れてしまう」と元に戻らない。折れないように、自分で自分をコントロールすることが大切。

僕が気持ちの切り替えをしている時は、自分の頭にアンテナを立てて、不真面目なもう一人の「ウメダ」が、「梅田」のコントローラーを持って操作しているような感覚だ。

この原稿の〆切に追われている、今。

仕事のメールが追加で八通。「あぁぁ」と焦る気持ちとは裏腹に、

「どうせなら八通といわず、もっと多ければむしろ楽しいかも」

などと呟いている。

何ごとも、遊び心が重要なのだ。

梅田流・仕事のルール②

ビジネスを育てる思考術

一、仕事の種はこまめに蒔いておく!
↓あとであちこちから芽が出てくる

二、「どうしたらできるか」は魔法の言葉!
↓新しい情報を得られ、チャレンジすることで最高のパワーが出る

三、人脈は「温める・育てる」もの!
↓名刺交換では本当の人脈は得られない。苦労をともにしてこそ本当の人脈となる

第三章

「仕事のフィールド」を広げるために

心の中に「やりたい仕事の種」を持っておく

表参道を『着物で、歩く』というイベントをした時に調理を担当してくれたのは、糸山博治さん。糸山さんは、僕がオーナーをしている日本料理店「小梅 浦和総本店」の料理長だ。

「小梅　浦和総本店」は、埼玉県さいたま市の埼玉県庁の正面近くにある。さいたま市は、市町村名が変わる以前は浦和市という名称だった。埼玉県庁前の道をほんの数分歩いて裏道に入ると、蔵造り風の厚い扉がある。初めての方にはちょっと見つけにくい隠れ家風のたたずまいになっている。

僕は、以前から飲食店をやってみたいと思っていた。それこそ、学校に通っているころからだ。それがカフェなのか料理店なのかはわからない。だけど、その想いは、ずっと胸の奥で小さな種となって眠っていた。

就職してからは、店舗の内装を手掛ける仕事をしていたので、施主の希望を実現しつつ、折に触れて「自分ならどう作るか」と考えていた。

また、機会を見つけては食べ歩きをして、人気のあるお店を見に行ったり、友人に「いつかやりたいんです」と夢を語ったりしていた。

いいカードがそろったら、すかさず始める

大宮にある会社の内装を頼まれた時、僕が打ち合わせの合間に何気なく社長に「いつか飲食店をやってみたいと思っている」と話すと、料理人の糸山さんを紹介してくれた。

それまで何人ものいろいろなジャンルの料理人と出会ったが、心に眠った想いが目覚めることはなかった。

ところが、糸山さんと出会ったとたん、「この人と日本料理店をやりたい」

隠れ家風の日本料理店「小梅　浦和総本店」。落ちついた店内で、
美味しいお酒と料理が愉しめる。

とふっと思ったのだ。糸山さんは僕よりずっと年上なのに、まるでラッパーのようで、僕よりも年若に見えるほどである。懐石料理の老舗「なだ万」に長くいた人で、仕事ができるうえに気持ちが若い。「この人となら一緒にやれそうだ」と直感した。

そうして、「小梅　浦和総本店」は糸山さんが総料理長、僕と大宮の社長がオーナーという役割が決まった。トランプにたとえれば、待っているうちにいつの間にかカードが揃ってしまったのだ。

「よし、やろう！」

僕は思い切って店を始めることにした。

「どうせできない」とあきらめない

僕はいつも、自分の人脈と出会いの中から仕事を探していくようにしている。本当のゼロから仕事を生みだすなんて、大変なことだと思う。かなりのエネルギーを必要とするし、成功の確率も少なくなるだろう。

まず手がかりを見つけること。そして、その周りにいる力のある人たちと協力しながら仕事を広げていく。そのほうが、仕事はうまくいくと思う。

いきなり遠くのところを目指すよりも、今、自分の周りのご縁のあるところから、仕事を広げるようにしていくといい。仕事を広げるためには、心の中にいろいろな「やりたいことの種」を持っていることが大切だ。

「カフェをやってみたいな」
「海外で仕事をしたいな」
「映画を作ってみたいな」

何でもいい。実現が難しそうなことだって、まったく構わない。自分の興味のあることを、ジャンルにとらわれることなく小さな種にして心の中にしまって温めておくのだ。種が芽を出す時は、ある日突然やってくる。「どうせできない」と諦めずに、たくさんの楽しい種を心に持っていよう。

夢は語ったほうがいい

自分がやりたいことの種を持っているなら、人に語ったほうがいい。言わなければ、何も始まらない。

自分がどんな人間で、どんなことをしたいと思っているのか。そのために、どんな準備をしているのか。夢のための勉強をしていたり、情報を集めたりしていることを言葉にして、周りの人たちに語るのだ。

「いい情報があるよ」

「ぴったりの人を紹介するよ」

するとは周りの人たちは、持っている情報をどんどんくれるようになり、自分ひとりで集めているよりも情報の精度が上がっていく。そのうち、自分の夢に共感してくれる仲間も見つかるだろう。

言葉というのは、不思議なものだ。自分で夢を語っているうちに、次第に自分でも実現可能に思われてくるし、情報や仲間が集まることで、覚悟も決まるようになる。

人間は素晴らしい夢を描けた時、一生懸命に努力するようになるのだ。

ただ、一つだけ注意しておきたいことは、世の中の人のすべてがあなたの夢に賛同してくれるわけではないことを、心の片隅に置いておくことだ。

夢を語る時にも、ただ単に一方的に熱く語るのではなく、一歩引いて、自分の夢を第三者的に冷静に見つめる目も持っているようにしたい。

▶夢を語っていると現実になる!

○○の成功!
○○したい!
○○の実現!
心
夢を語っているうちに
周りの人たちも助けて
くれるようになる
夢
夢
夢
夢
夢
夢
心にやりたいことの
種をたくさん持っていよう

□ 素晴らしい夢を描けた時、
人は一生懸命に努力するようになる。

生きるとは、行動すること

「何事も思い立ったら即行動せよ」とよく言われるけれど、計画性もなく思いつきだけで始めることには、失敗も多いはずだ。

もしやりたいことがあったら、まず頭の中でその仕事を構築してみる。そうして、第三者のように一歩離れたところからその仕事を冷静に見つめてみる。さらに、一度寝かせて時をおき、それでも「やりたい」と思う気持ちがあり、「やれる」と判断したなら、本気で調査と情報の蓄積に取り掛かる。そうやって仕事に本格的に着手するのだ。

その仕事を始めるかどうか悩んだ時には、まず三回考えてみることだ。

初めに思ったことは、「その時だけの感情」かもしれない。二回目に思ったことは、「前の気持ちを引きずっての答え」だろう。そして、三度目は、今度こそ「自分の本当の気持ち」なのだ。

▶仕事を思いついたら 3回考えてから実行する

すごいアイデアがひらめいた!

●3回考えてみる

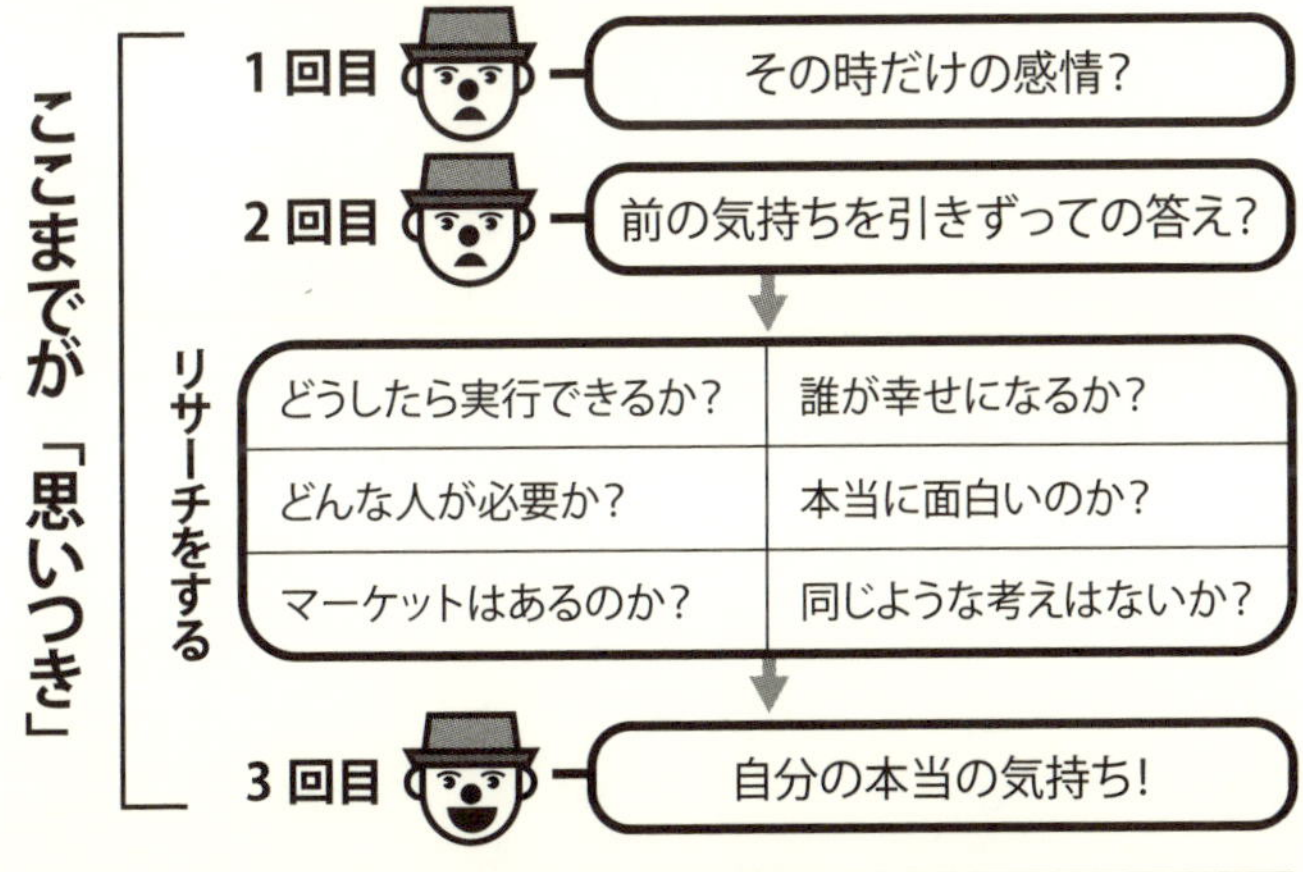
ここまでが「思いつき」
1回目
その時だけの感情?
2回目
前の気持ちを引きずっての答え?
リサーチをする
どうしたら実行できるか?
誰が幸せになるか?
どんな人が必要か?
本当に面白いのか?
マーケットはあるのか?
同じような考えはないか?
3回目
自分の本当の気持ち!

☐ 思いついたアイデアを即実行ではなく、
具体的に考えることまでを
「思いつき」ととらえる習慣をつける。

そこまで考えて、それでもやりたいのなら、苦しいことがあっても頑張れるだろう。

その時、取り組んだ仕事が達成できれば、もちろんいい。だけど、もしも達成できなくたってそれでもいいのだ。やりたいと思ったことに対して、冷静に考えて取り掛かり、調べたり情報を蓄積したことが自分を成長させ、きっと次につなげてくれるのだから。

自分が充分に考えて判断し、始めたことなら、仮に達成できなくても後悔はないだろうと思う。

「生きるとは、呼吸することではない。行動することだ」

スイスの思想家ジャン＝ジャック・ルソーはこう言っている。自分が何度もなんども一生懸命に考えて仕事に取り組む時こそ、「自分は生きている」と実感できるだろう。

未知の仕事に挑戦すると、自分を冷静に分析するようになる

「プリンシパル」は、もともと設計会社だった。しかし、今は映画製作を含め、さまざまなジャンルの仕事をするようになっている。

知らないことにチャレンジする時、正直に言えば、新しい情報に恐怖する。会議に出ても、業界用語がわからない。でも、前に進まなければならない。

だから、まずこう考える。

・自分（プリンシパル）に何ができるか？
・自分の特徴は？
・どんな情報が足りないのか？
・どんなポジションを求められているのか？
・どのような結果になるのが一番よいのか？

・この仕事をすることで、どのような成長をするか？
・次に、何につながるか？

これまでやってきた仕事だと、ルーティンワークで仕事をこなせてしまうので、自分を過剰評価しがちになる。

けれども、まったく知らない業種の仕事に取り組み達成させようとすると、わからないということの恐怖心から、自分を振り返って特徴や人脈を冷静に分析し、整理するようになる。

このことは、別の方法で応用することもできる。まず、こんな想像をしてみてほしい。例えばあなたに、

「明日から八百屋をやってほしい」

という依頼があるとする。

あなたは、今までやってきた仕事とはまったく違うジャンルの仕事に戸惑う。

何をすればいいのか？

自分は何ができるのか？

誰に協力を依頼したらいいのか？


こういったさまざまなことを考えるのではないだろうか。

また、もし「明日から天然酵母を使ったパン屋をしてほしい」と依頼されたらどうだろう。八百屋の時とは違う自己分析と情報収集をするはずだ。

想像でもいい。知らないことにチャレンジすると、自分分析ができる。

実際に映画も、まったく知らない業界だった。どうすればできるか、何からすればよいか。順序を決め、自分を分析し、足りないところを調べるところからスタートだ。

相手の「時間泥棒」をする

ある時、大手ファッションブランドから「意見を聞きたい」と声がかかった。「プリンシパル」がどんな仕事をしているのか知りたいという程度の、顔合わせ的なミーティングだった。僕自身もファッションに興味があるし、仕事につながる可能性もあると考え、伺うことにした。

与えられた時間は二〇分。

二〇分で話せる内容といえば、おのずと限られてしまう。できればもっと話ができないだろうか？　と僕は思った。

情報をたくさん持っていれば、さらに深い話ができるのではないか。また、話が弾んで共感されたら、次の機会につながるのではないか。

そこで、このような点について徹底的に調べてみた。

・今、そのブランドの持つ問題点を詳しそうな人に聞きまくる
・実際にその店に行き、どこに問題点があるかをみる
・自分で実際に商品を購入してみて、何を感じるか
・母体の百貨店業界の状況
・客層はどうなっているか
・他のブランドの状況

これらを徹底的に調べ、自分なりの解答も用意してミーティング本番に臨んだ。

ミーティングでは、「プリンシパル」の実績やできることを盛り込みつつ、そのブランドについての感想や意見を述べていった。

・お店のイメージと客層が違うように感じる
・不利な出店になっている

・他社は、お客さまが帰る際にスタッフが購入商品を出口まで持ってきてくれるが、そのような接客サービスがない
・他社は、お客様が興味を持つようなイベントがある
・他社は、伝わりにくい情報をポップで伝え、購買意欲をかきたてている
などなど……。

僭越ながら、リサーチし、感じたことを話に織り交ぜていった。先方からも会社の様子や考え方、業界全体の状況を伺った。ミーティングは熱く盛り上がり、気づくと一三時に始まった会議は、持ち時間を大幅に超え、すでに一時間半がたっていた。さらに、次回のミーティングもセットされた。

僕は「相手の時間を泥棒」したのだ。共感され必要とされることで、相手も時間を割いてくれるようになる。

時代についていくためにしたいこと

iPhoneの登場により、仕事が以前に比べて数段早くなった。たとえを上げるときりがないけど、容量の重いデータは外部サーバに入れ、どこからでもiPhoneでアクセスでき、このような原稿を書く際にはドロップボックスにデータを入れ、移動中にワードを立ち上げiPhoneから書き込み、編集し、セーブする。

散歩の途中やテレビで見た情報はメモアプリに記載して　いつでも見られるようにする。ショートメールなどは、パソコンとiPhoneを同期してパソコンからでも返信ができるようにする。面白いものや買いたいものは、書店や服屋、雑貨屋などで写真を撮ってフォルダー化したり、ゾゾやアマゾン、もしくは専用アプリでバーコードをスキャンし、各アプリ内にストック！

簡単な企画書であれば、写真の切り張りからなにから、すべて移動中にできてしまう。

しかも、音楽を聴きながら。歩行距離も管理し、体調も気にしながらできる。

空間のイメージの参考資料を集めようと思ったら、ピンタレスト（pinterest）でカテゴリーごとにストックしておき、状況にあわせて引き出したり　そのイメージをデザイナーと共有したり。社内の共有もチャット（Salesforce セールスフォース）で管理共有する。

情報漏洩に細心の注意を払えば、場所も時間も選ばずに仕事がどんどん進行できる！　日頃からiPhone内の整理整頓をすることがいかに大切か、この文章からだけでもおわかりいただけると思う。

専門用語がわからなかった人は、少し調べてもらえたらいい。そこから少しずつ時代についていくきっかけになればと思う。

ちなみにこの章は、ベッドで横になりながらiPadで書いている。

ムリと判断したらサッと手を引く

映画『神さまはバリにいる』のクランクイン前のこと。

動画映像を楽しいＡｐｐ（Application software アプリケーション・ソフトウェア）にしたらヒットするのではないか、と考えた。

当時は、マンガのように静止画撮影のできるカメラ系アプリが主流で、動画はまだ出回っていなかったので、イケるのではと思ったのだ。

映画の宣伝にもなるし、映画とミックスすると、ビジネスとしては映画も製作側にとってもいいのではないかという気がした。かなり安易な発想だったが、Ａｐｐについて知りたくもあったので、スタートした。アップルへの申請はどうしたら通るのか？　など、またしても知らないことだらけのスタートだった。

アップルに企画を申請するには、東京商工リサーチのD-U-N-S® Numberが必要だった。リリースができ、自分のｉＰｈｏｎｅにＡｐｐがダウンロードされ、形になった！

ところが、その次のステージへのつながりを探すことがどうしてもできない。多くの方にお任せしてしまい、自分の熱い想いを周りの人に伝えることができなかったということもある。それに、そもそも流行は自然に発生するものであって、こちらの都合で勝手に流行を作るなんて、どだいムリな話だった。すでにリリースまで出して大きく宣伝してしまっていた。開発費用もかかっている。その手前、「失敗した」とは恥ずかしくてとても言えない。意地でも継続して何とか発展させたい。

しかし、どう考えても次の作戦につながらない。僕が考えていた以上に、専門的な知識のある人脈が必要だった。負けたくない……。

僕は疲労困憊していた。少し、実家に帰って休もう。

両親の前では、プライドから「今、こんなすごい仕事をしてるんだ！」と強がると、父が静かに言った。

「自分をよく見せたいだけじゃ、疲れるぞ。何事も自業自得だ」

その一言に救われた。

もう止めよう。自分の今の能力では、ムリなのだ。負けをしっかり認めて、次につなげよう。

完全に、この件は「負けました」。白旗！

意地だけでは、仕事はうまくいかない。今回は、多くの経験をさせてもらったと考えることにした。

人生つらいのは、たった三〇メモリ

人生、いい時もあれば悪い時もある。

悪い時やつらい時に、今の状況だけを考えていると、どうしても落ち込んでしまう。そんな時は、こう考えたらどうだろう。

一日を一メモリとすると、一年三六五日で七〇年＝二五五五〇メモリになる。

今のつらい状況が一ヵ月続くと想定しても、二五五五〇メモリのうちの、たった三〇日。三〇メモリにすぎない。

人生つらいのを俯瞰すると、二五五五〇メモリのうちのたった三〇メモリ。ここから先をどうするか？　俯瞰《ふかん》してみると、切り替えやすい。

また、こう考えてもいい。

失敗は成功の母である。二五五〇〇日の間、悪い日とよい日が交互に来たとしよう。一二七七五メモリはよい日、一二七七五日は悪い日。人生最終的によい日が一二七七六日になって、一日でもプラスになれば、それが幸せな人生だと考えて、悪い時を乗り越えよう。

▶人生を俯瞰《ふかん》で見てみよう!

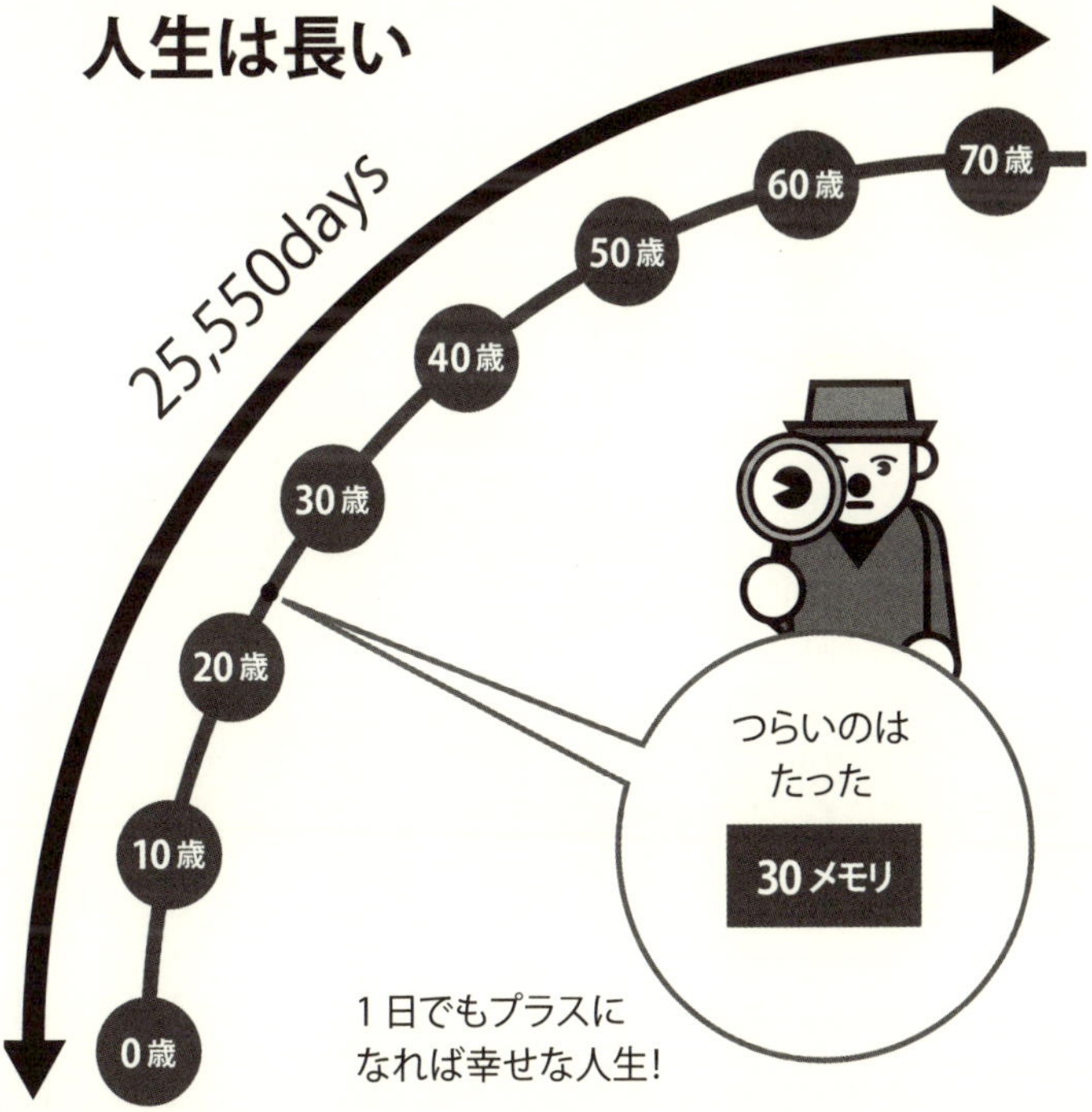

□ どうしようもなくつらい日も
長い人生のひとコマ。
今日失敗しても、まだまだ取り戻せる。

梅田流・仕事のルール③

夢をかなえる思考術

一、夢は言葉にしてどんどん人に語る！
↓情報や仲間が集まって、実現可能に思えてくる

二、想像でもいいから、知らないことにチャレンジする！
↓新しい自分を発見できる

三、ムリと思ったら、素直に諦めることも大切！
↓やるだけやってダメなら、止めるのも勇気

第四章

人生がもっと幸せになる仕事術

「和紙」がユネスコ無形文化遺産に

二〇一三年（平成二五年）一二月、「和食」がユネスコ無形文化遺産に登録された。

続いて、翌年一一月には「和紙（日本の手漉《てすき》和紙技術）」が無形文化遺産に登録された。このことは日本の伝統技術が国際的に評価された証であり、和紙の生産や海外輸出への励みとなった。

登録の対象となったのは、国の重要無形文化財に指定されている「細川紙《ほそかわし》」（埼玉県小川町と東秩父村）、「本美濃紙《ほんみのし》」（岐阜県美濃市）、「石州半紙《せきしゅうばんし》」（島根県浜田市）の三和紙である。ユネスコの政府間委員から、「これらの産地に暮らすすべての人々が和紙作りに伝統の誇りを持っている」と評されたという。

しかし僕は、その報道を聞いて「おやっ？」と思った。僕の故郷のすぐ近くにある福井県の「越前和紙」が入っていないのだ。

「『越前和紙』は国内生産量が最大の和紙のはずなのに、なぜだろう？」

　不思議に思った僕は、詳しく調べてみることにした。

「越前和紙」は、紙漉き技術が日本に伝来した四～五世紀には写経用の紙を漉いていたといわれる。公家や武士階級の公用紙として重用されて全国に広まった。現在でも証券や卒業証書などの証書には、「正式の用紙」として「越前和紙」が使われている。

　ところが、それほどの産業でありながら技術を継承するための団体がなく、組織として国の重要無形文化財に指定されていない、というのが「越前和紙」が今回のユネスコ無形文化財を見送られた理由だった。

　日本には素晴らしい伝統技術がある。けれど、高齢化で次の世代につなぐことが困難になっているのだ。

近い将来、三〇万人の介護人が不足する

このところ、介護をめぐるニュースがメディアに多く取り上げられるようになった。

しかし介護する側から見てみると、「きつい、きたない、危険」に「安い」を追加した「3Kプラス1Y」と言われる過酷な現場で、介護ヘルパーが常に不足しているのも事実なのだ。

それなら自宅で家族が介護できるかといえば、これからますますお年寄りの人口が増え、子ども世代が少ない中で、家族に面倒を看てもらうのを期待することは不可能に近くなるだろう。

今後、高齢化がさらに進む中で、施設あるいは自宅で、誰が介護を担当するかは非常に深刻な問題となってくる。

このような流れの中で、近い将来、三〇万人の介護人が不足すると予想され

ている。これから何十年かたつと、日本人が日本人に介護されない時代が必ずやってくる。やがて、日本に移住してきた外国人たちが日本人がカバーしきれない介護の部分を補うことを、受け入れざるをえなくなるだろう。

高齢化社会の抱える問題点

かつて、日本海に面した越前（福井）、越中（富山）、越後（新潟）の地方は総称して、「越《こし》の国」と呼ばれ、朝鮮半島からの渡来人が多くやってきて、産業を栄えさせたといわれる。今、越前地域の人たちはここを「こしの都」と名づけて、歴史や文化を次世代につなぎながら、国際交流をしていこうとしている。

その一環として、「こしの都」では、一〇年ほど前から韓国の扶餘《ふよ》郡と友好交流都市の関係を育てている。

日本と韓国は、いくつかの同じような問題を抱えている。

これまで日本人は、単一民族国家的な意識の強い国民であった。もちろん先住の少数民族もいるが、言葉は日本語だけで通じることや、新しく外国人をあまり受け入れてこなかった。

韓国もまた、同じように単一民族国家的な意識を持っている。

そして、両国が共通して抱える大きな問題は、近い将来、超高齢化社会になることだ。どちらも介護の問題を避けて通れない状況にある。

日本と韓国は、いまだに感情的に相入れない感情がある。けれども、古い考えで、「外国人に身の回りの面倒を見てもらうなんて」と言ってはいられなくなるのだ。

それには、国籍や性別や、世代を超えて、人と人が手を取りあえばいい。「人と人」そのものの関係が大事なのだ。

超高齢化社会を乗り越えるために、外国人を受け入れること。

「日本人」と「韓国人」ではなく、「人と人」をつなぐこと。

次の世代や世界に、伝統文化を伝えつなげていくこと。

介護の現場を、やりがいのあるものにすること。

――「人と人をつなぐ」ことで、人を助け、「何かをつむいでいく」ことができるのではないだろうか。


このことを一人でも多くの人に伝えたい、と僕は思った。

ならば、同じ問題を抱えたこの二つの地域をつなげたら、何か解決の糸口が見つかるだろう。

それには映画がいい。この映画を作るための時代《とき》がやってきたのだ。

越前と韓国を結ぶ映画『つむぐもの』

映画の仮のタイトルは、『つむぐもの』。
場面は、韓国扶餘《ふよ》から始まる——。

ソウルの大学を中退した女の子パク・ヨナ（キム・コッピ）は、扶餘にある実家に戻って以来、惰性な生活を送っていた。勝気な性格のヨナは、人づきあいも上手くできず、特にやりたいこともなく、どこか空虚な想いを抱いている。
そんな折、日本に住む親せきが懇意にしている和紙職人が人手を求めていると聞き、ヨナはワーキングホリデー気分で日本へ向かった。

場面は変わって、日本の福井。
和紙職人の三田村剛生《たけお》（石倉三郎）は、古い自宅の工房で紙漉きをしていた。技術は一流だが、頑固一徹で仕事仲間からも敬遠されている。妻を亡くしてからは、ずっと一人で働いている。東京で家庭を持った子どもたちとも、心を通わすことができないでいた。

一人暮らしだった剛生は、脳梗塞を起こして体の自由が利かなくなっていた。和紙作りにも不自由していた。介護施設の福祉士たちが助けようとしても、型どおりの仕事をしようとする介護施設の福祉士たちを拒んでいた。

仕方なく引き受けたヨナは、マヒの残る手で和紙を作る剛生を助けようとするが、強く拒まれる。

勝気な性格のヨナもまた、自分を嫌う剛生とぶつかり合う。お互いに言葉もうまく通じず、文化や価値観の違いから、介護もうまくいかない。二人は、最悪のコンビだった。

ヨナは、介護施設の福祉士たちのお年寄りの扱いに違和感を覚えていた。優しい言葉のオブラートに包み込んだ、上から目線の行動。本人にできることもできないと決めつけ、赤ちゃん扱いして自由と尊厳を奪う……。

一方で、ヨナの介護は常識とはかけ離れたものだった。普通はデリケートに扱うところも気にせず、豪快でぞんざいに見える。お年寄りを一人の大人の人間として扱い、正面から向き合っていたのだ。

介護の世界では強引ででたらめと思われるような介護が、次第に施設のお年寄りの心を開かせていく。そして、それまで誰にも心を開かなかった剛生の気持ちをも変えていった。

はじめのうちは懐疑的な目を向けていた介護施設の福祉士や和紙職人も、やがてヨナに理解を示していくようになった。いがみ合い、対立し合っていた剛生とヨナも、少しずつ人と人としてのつながりを持ち始め、心を近づけていった。

だが、やがて剛生は再び倒れてしまう。病状は悪化していて、もう手の施しようがなくなっていた……。

《ストーリー》

『つむぐもの』撮影のために、和紙職人から指導を受ける石倉三郎さん。
（写真下／左　2015年7月）

すっかり衰えて死を目の前にした剛生は、朦朧とする意識の中、和紙を作りに工房に帰ろうとする。剛生は、元気だったころに自分の技術を次の世代に伝えなかったことを悔いていた。

苦しげに和紙を作ろうとする剛生に手を差し伸べるヨナ。剛生はもう、ヨナが誰かもわからないのだった。

それでも、ヨナは懸命に剛生を手伝おうとする。剛生は不自由な体で、ヨナに和紙作りを教えようとする。それは、二人でやる最初で最後の和紙作りだった。

みんなゼロからスタートしている

巻頭の特別対談で、李監督とも話題にしているように、前作『神様はバリにいる』を作った時、僕はあらゆる業界の人たちに「絶対成功しない」と言われた。

それどころか、

「そもそもでき上がらないでしょ」

と鼻で笑われていた。確かに僕は映画業界の人間ではない。映画作りのことなんてまったく知らなかった。でも、「知らないからできない」と決めつけるのは、どうなんだろう?

僕は、「知らないからできない」とは思わない。「できないから知りたい」のだ。

映画製作という目標を持ち、知らないことを学ぶと、いろいろな情報が得られ、人とのつながりができる。自分自身のフィールドが広がるのだ。

まったくできないことなんて、きっとこの世の中にないと思う。

そもそも、ある程度の情報はインターネットでも調べることができる。調べたことの中から、理解できることと理解できないことが見えてくる。そこからまた、理解不能なことを理解するために、人に尋ねることで人とつながるきっかけができる。それを追い求めていくともっと深く理解できるようになり、知りたかったものが見えてくる……。

探究心を高めながら、苦労をすることが大事なんだ。将来成功するかどうかは、今を苦労しているかにかかっている。

「人生はロッククライミング」だ。もしも、あなたがもっと高い位置に行きたいのなら、今を精いっぱい生きることだ。

生まれた時から漢字を書ける子どもなんていない。

当たり前のことなのに、大人は多くの言い訳を隠すために「生まれた時から書けた」ことにしている。

そんな人なんか、いないのに！

みんな何もないゼロからスタートしている。ゼロからのスタートを恐れたり、恥ずかしがることなんて何もない。

ステージが上がれば、広いフィールドが見られる

ここに階段型の円錐のような丸い山があるとしよう。

この山を登ろうとする時、あなたは山裾のゼロ地点「A」にいる。仕事をして経験を積むと、少し高い「ステージB」に登れる。すると、ゼロ地点にいた時よりも広いフィールドを見ることができるようになる。

もう少し仕事をして苦労を経験すると、階段を上って「ステージC」に行け

る。そこから眺めると、「ステージB」よりもっと広いフィールドを見渡せるようになる。

これは苦労したことで、人としてのレベルアップもできたことを表す。仕事のチャンスを探すなら、「ステージB」にいるよりも「ステージC」にいるほうが、ずっと広い世界から見つけることができるのだ。新しい仕事を見つけるにも、やりたいことを実現するにも、高いステージにいた方が断然有利である。

「ステージB」にいるよりも、「ステージC」に行くほうが大変だろう。だけど、外を見た時の眺めはずっと素晴らしい。だからこそ、苦労をして経験を積み、高いステージに立って広いフィールドを眺めたい。そのほうがわくわくするし、面白いことができる可能性が大きくなる。

生きているって、面白いことなんだ。

生きることを楽しむためには、上のステージに登って行こう。

▶上のステージからはより多くのものが見える

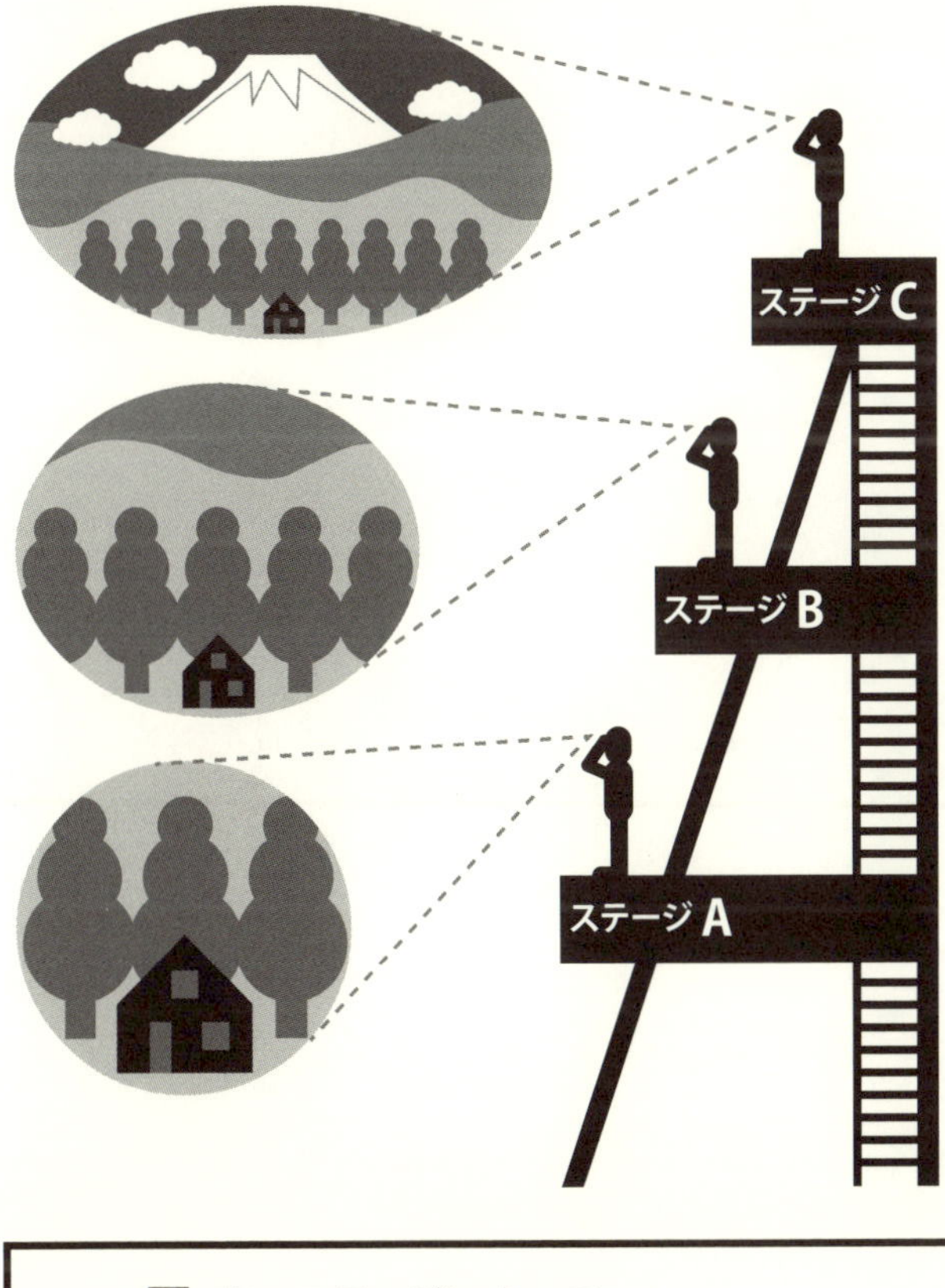

 □ 高いステージに立って、
広いフィールドを眺めたほうが
ワクワクするし、面白いことができる！

できる人ほど、頭が低い

このごろ、たくさんの人たちと仕事をしていて感じることがある。

ほんとうに仕事ができる人ほど、周りの人たちに気を配るのだ。

仕事の現場でも、滞りなく回っていくように、雰囲気がよくなるように隅々まで気を配る。実によく気がついて先回りして手当てをしてくれる。飲み会の場でも、

「あの人の料理がないですね」

「飲み物の追加はいかがですか？」

などと手配をし、話相手がいない人がいたら会話を振る。自分が楽しむことは後回しで、その場にいるすべての人が楽しめるように、いつも全体のフィールドを見ているのだ。自分が誰かに気に入られよう、というのではなく、その時の仕事や、飲み会という空間全体を面白いものにしようとしているのだ。

また、自信を持って仕事をしているすごい人ほど、若い人に対しても礼儀正しく接して、頭が低い。

この人たちからは、若い人たちの情報を欲しいという気持ちが伝わってくる。威張っていたら、みんな口を閉ざして語ってくれなくなってしまう。若い人たちに礼儀正しく振る舞うことで、若い人も心を開いて様々な話をしてくれるようになる。

仕事を大きくし、広げる秘訣はこんなところにあるのかもしれない。

幸せのゴールはどこにあるか

自分にとって、何がいちばん幸せなことだろう。

今より少し高いステージに登って、仕事の幅が広がる。情報が集まり、いろいろなことが理解できるようになることが楽しい。そして、その中でまた新しい仕事を作っていく。自分のやりたいことにだんだん近づいていく。

僕は、自分のやりたいことをやるのがいちばん幸せなことだと思う。

自分がどう生きていきたいかは、最終的には自分で判断しなければならない。ただし、「自分で判断した道は間違っていない」と証明するためには、その道を突っ切らなければいけない。突っ切っていけば、いつか何らかの形になっていく。

自分で選んだことの結果は、自業自得。自分の責任だ。けれども、人から与えられたものではなく、自分で選んだ道を歩むのは、たとえ苦しくても楽しいことだ。

自分の選んだ道を歩くプロセスこそが、幸せのゴールなのだと思う。

梅田流・仕事のルール④

幸福を手に入れる思考術

一、人生はロッククライミング！
↓もっと素晴らしい景色が見たいなら、
今を精いっぱい生きること

二、周りの雰囲気が良くなるように気を配る！
↓情報も得られて、楽しく仕事が回るようになる

三、幸せとは、自分のやりたい仕事をすること！
↓自分の信じた道を突っ切れば、いつか何かの形になる

世界が広がる
ボーダーレス仕事術

著　者　　梅田一宏
発行者　　真船美保子
発行所　　KK ロングセラーズ
東京都新宿区高田馬場 2-1-2　〒 169-0075
電話（03）3204-5161(代)　振替 00120-7-145737
http://www.kklong.co.jp

印　刷　　太陽印刷工業(株)　製　本　(株)難波製本
落丁・乱丁はお取り替えいたします。※定価と発行日はカバーに表示してあります。
ISBN978-4-8454-2363-7　C0030　Printed In Japan 2015